Françoise BOURDIN •
Marina CARRÈRE D'ENCAUSSE •
François D'EPENOUX • Karine GIEBEL •
Raphaëlle GIORDANO •
Alexandra LAPIERRE • Cyril LIGNAC •
Agnès MARTIN-LUGAND •
Romain PUÉRTOLAS •
Mohamed Mbougar SARR

13 À TABLE !
2023

NOUVELLES

Préface exceptionnelle de Thomas Pesquet

POCKET

L'éditeur de cet ouvrage s'engage dans une démarche de certification FSC® qui contribue à la préservation des forêts pour les générations futures.

Pour en savoir plus :
www.editis.com/engagement-rse/

Le Code de la propriété intellectuelle n'autorisant, aux termes de l'article L. 122-5, 2° et 3° a, d'une part, que les « copies ou reproductions strictement réservées à l'usage privé du copiste et non destinées à une utilisation collective » et, d'autre part, que les analyses et les courtes citations dans un but d'exemple et d'illustration, « toute représentation ou reproduction intégrale ou partielle faite sans le consentement de l'auteur ou de ses ayants droit ou ayants cause est illicite » (art. L. 122-4).
Cette représentation ou reproduction, par quelque procédé que ce soit, constituerait donc une contrefaçon, sanctionnée par les articles L. 335-2 et suivants du Code de la propriété intellectuelle.

© 2022, Pocket, un département d'Univers Poche
ISBN : 978-2-266-32330-7
Dépôt légal : novembre 2022

Sommaire

Préface des Restos du Cœur 7

Préface exceptionnelle de Thomas Pesquet 13

Françoise BOURDIN *La Binette* 17

Marina CARRÈRE D'ENCAUSSE *Les Vertiges du vide* 33

François D'EPENOUX *La mèche est dite* 47

Karine GIEBEL *Lobo* 71

Raphaëlle GIORDANO *La planète et moi et moi et moi…* 87

Alexandra LAPIERRE *Ma planète à moi* 109

Cyril LIGNAC *Ne jetez rien, cuisinez tout !* 135

Agnès MARTIN-LUGAND *Le Choix du monde* 145

Romain PUÉRTOLAS *Les Encapuchonnés* 163

Mohamed Mbougar SARR *C'est ainsi que l'orange continue de bleuir* 177

Préface des Restos du Cœur

La planète, notre si chère planète... vue d'ici, vue d'ailleurs, des étoiles ou de notre fenêtre.
Les formidables nouvelles inédites de ce 9ᵉ recueil de 13 à table ! témoignent de ce que nous ressentons tous, seuls ou avec ceux que nous aimons : un émerveillement, des préoccupations mais aussi des espoirs.
La planète et moi, la planète et nous, notre vie ensemble, en symbiose avec notre mère nourricière.
Un immense bravo et un grand merci, cette année encore, à la fidélité et à l'engagement sans détour de toute la chaîne du livre, des métiers artistiques aux métiers techniques, qui perpétue, avec nous, cette grande aventure solidaire.
Près de 6,8 millions de repas supplémentaires ont pu être distribués depuis les débuts de 13 à table !.
Grâce à eux !
Et grâce à vous !

Merci à toutes et tous d'être à nos côtés pour les personnes qui comptent sur nous, qui comptent pour nous !

Belles lectures,
Les Restos du Cœur

Thomas PESQUET

Thomas Pesquet est un astronaute français qui fait rêver petits et grands depuis 2016, depuis son premier vol vers la Station spatiale internationale (ISS), dont il deviendra le premier commandant français en 2021. Il fait partie des personnalités préférées des Français grâce à son métier extraordinaire évidemment, mais aussi grâce à sa générosité, son accessibilité et sa gentillesse.

Préface exceptionnelle de Thomas Pesquet

Il faut que je vous l'avoue : j'ai toujours voulu être écrivain. Encouragé par mes parents, j'ai longtemps dévoré tous les livres qui me tombaient sous la main, et bien avant d'avoir exploré l'espace, avant même d'avoir déployé mes ailes de pilote et d'avoir parcouru le monde, c'est de chez moi en Normandie, entre des pages de roman et de nouvelles, que je découvrais avidement la planète, que je vivais des aventures incroyables parmi des personnages hauts en couleur. Ce pouvoir des mots m'a toujours accompagné ; cet incroyable miracle de réussir à emmener son prochain avec soi, simplement en lui racontant ses aventures réelles ou imaginaires, du moment qu'on y met du cœur et un peu d'efforts, a quelque chose de profondément humain qui me fascine. Aujourd'hui, j'ai toujours à cœur de lire, d'apprendre, de découvrir, mais j'ai ajouté la dimension de raconter moi-même mes aventures, en pensant d'abord aux enfants et aux jeunes qui rêvent comme moi de l'espace, ou simplement qui rêvent tout court, et qui ne se sont pas encore laissé rattraper par l'âge adulte et ses vicissitudes.

Lire aère l'esprit, lire déchiffre le monde, lire rapproche les peuples et fait émerger l'enfant en chaque adulte. Mais il y a une manière encore meilleure de lire, je l'ai découvert, c'est de lire par solidarité. La solidarité est une des forces les plus puissantes qui meuvent le genre humain, et il ne se trouve pas un conflit ou un drame qui ne réveille son pendant de solidarité, de fraternité, d'entraide. C'est une réaction souvent naturelle, mais c'est aussi une habitude qui s'apprend, qui se transmet, qui s'entretient. D'abord par l'exemple. De retour du voyage le plus lointain qu'on puisse jamais réaliser, et ramené à la vie quotidienne, un astronaute se trouve évidemment en quête de sens, et c'est souvent en se tournant vers les autres que la vie se remplit à nouveau. La transmission, l'aide, le partage ont regonflé mes voiles une fois revenu au port, et aujourd'hui au sein des Restos du Cœur ou ailleurs, c'est un ressort puissant de ma vie que d'essayer de me rendre utile aux autres.

Inutile de dire qu'associer une incursion, pour une page, dans le domaine de la littérature (ou du moins, restons modeste, d'appliquer des mots sur le papier), avec un acte de solidarité paraissait un exercice rêvé ! Je m'y suis attelé avec bonheur pour vous présenter cet ouvrage, et j'ai tenté, avec le trac du débutant, de donner le meilleur de moi pour quelques lignes, comme tous les auteurs qui font vivre ce recueil. En l'ouvrant, vous allez voyager dans le temps et l'espace, vous allez apprendre, ressentir, vibrer — et faire une bonne action. C'est la magie des Restos du Cœur d'avoir toutes les idées et toutes les abnégations quand il s'agit, inlassablement, de faire déferler les forces positives de la solidarité.

Merci à eux et à leur travail incroyable que j'ai la chance de découvrir chaque jour un peu plus, merci aux auteurs et à toutes les personnes impliquées dans la réalisation de ce livre, merci à vous qui l'ouvrez aujourd'hui.

Le thème de cette année, La Planète et moi, m'a renvoyé à ma propre expérience (observer la fragilité de notre Terre en se retrouvant soudain à 400 km d'altitude) dans un parallèle frappant : moi dans mon vaisseau, lancé dans un voyage spatial avec des ressources limitées, un équipage international et une obligation d'entretien du navire, et la Terre, elle-même pourvue d'un équipage de presque 8 milliards d'astronautes embarqués, sans vraiment le savoir, dans un voyage spatial autour du Soleil ! La Terre est un vaisseau spatial aux ressources limitées, à l'équipage infiniment varié, et nous avons, pour que le voyage dure le plus longtemps possible, une obligation de bien nous entendre, de prendre soin de la planète et de son équipage. C'est ça, la réalité du voyage spatial : la planète et nous, c'est une seule et même chose, c'est une symbiose qui ne dit pas son nom.

Pour finir, 13 à table ! a résonné pour moi comme une évidence parce que, au-delà de tous les symboles, treize, c'est le nombre maximal d'astronautes ayant jamais peuplé simultanément la Station spatiale, nous donnant l'occasion de partager, ensemble, des dîners internationaux, conviviaux et fraternels. À vous aujourd'hui de prendre place autour de cette grande table de la solidarité...

Bonne lecture !

Françoise BOURDIN

La Binette

Si les romans de Françoise Bourdin sont tous des succès incontournables, c'est sans doute parce qu'elle a toujours eu à cœur de raconter les préoccupations de ses contemporains, sans tabou. Sa générosité, sa bienveillance et son engagement dans les problématiques de notre époque en font une plume emblématique pour toutes les générations. Son dernier roman, *Un si bel horizon*, a paru en 2022 aux Éditions Plon.

Le dos douloureux, Paul reprenait son souffle, appuyé sur le manche de sa binette. Les mauvaises herbes prospéraient partout, poussaient sans gêne entre les graviers, parvenaient même à s'infiltrer dans la moindre fente de ciment sur la terrasse. Leur luxuriance était à comparer avec certaines jolies fleurs, entretenues avec amour, et qui parfois s'étiolaient malgré tout. Mais les fleurs n'étaient pas la préoccupation de Paul, puisque c'était sa femme, Clémentine, qui s'en occupait.

Ils adoraient leur jardin, qui avait emporté la décision lors de l'achat de la maison. Et Dieu sait qu'ils avaient multiplié les visites ! Des pavillons, des corps de ferme ou des chaumières, avec des jardins trop petits, trop grands ou trop mal plantés. Ici, en revanche, le coup de cœur avait été immédiat et partagé. La maison était une longère assez modeste mais accueillante, dont ils avaient fait un foyer confortable, tandis que le fameux jardin s'était révélé le paradis de Clémentine. Du début du printemps jusqu'aux roses de Noël, des fleurs s'y épanouissaient, et les légumes poussaient dans le potager. Malheureusement, le chiendent aussi.

Les premières années, Paul avait traité ces indésirables avec du désherbant. Son pulvérisateur accroché dans le dos, il répandait généreusement le produit, deux ou trois fois par saison, et les allées restaient impeccables. Mais au fil du temps, Clémentine s'en était alarmée. D'après elle, empoisonner la terre était une mauvaise action.

Paul comprenait, et d'ailleurs approuvait, les inquiétudes de sa femme. Il avait salué son sens des responsabilités lorsqu'elle avait commencé le tri sélectif, ce qui avait encombré la cuisine de deux poubelles distinctes : la jaune, la noire. Depuis, il avait un peu de mal à s'y retrouver, la main indécise au-dessus, ne sachant plus si la boîte de thon à l'huile vide allait dans l'une ou dans l'autre. « Tous les emballages », lui répétait-elle. D'accord, mais, ceux avec du plastique ou un résidu alimentaire aussi ?

Dans le même temps, ils s'étaient mis à conserver les bouteilles en verre, de jus de fruits ou de vin, et Paul devait aller au bout du village pour les déposer dans le container prévu à cet effet. Quand leurs enfants et petits-enfants faisaient un séjour chez eux, le chargement était lourd. D'autant plus que Clémentine lui suggérait d'y aller à pied, prendre la voiture pour un si petit trajet n'étant pas nécessaire. Sauf que ce n'était pas elle qui les portait ! Et Paul, l'âge avançant, commençait à souffrir de rhumatismes.

Une autre difficulté consistait à ne pas se tromper avec le calendrier complexe du passage des éboueurs. La poubelle noire se sortait chaque mercredi, et la jaune un mercredi sur deux. Quand elles se trouvaient ensemble sur le trottoir, elles n'étaient pas ramassées à la même heure. Par ailleurs, un jour férié dans la semaine décalait tout ce programme de vingt-quatre heures. Un vrai casse-tête ! Quant aux déchets végétaux, ils n'étaient tout simplement pas prévus, à chacun de s'arranger avec. Comme on n'avait plus le droit de les brûler, par arrêté préfectoral, il fallait les emporter à la déchetterie, à condition d'en avoir la carte d'accès, délivrée par la mairie, et bien entendu de posséder une remorque, et donc un crochet d'attelage sur sa voiture. Toutes ces contraintes assombrissaient l'humeur de Paul, tandis que Clémentine se réjouissait d'une prise de conscience « citoyenne » pour l'avenir de la planète.

Après un long soupir, Paul se décida à reprendre son labeur. Gratter à la binette, se pencher pour ramasser le tas de mauvaises herbes durement arrachées et les jeter dans la brouette, puis recommencer. D'ici une heure ou deux, l'allée serait nette, mais jusqu'à quand ?

— Dépêche-toi de finir, mon chéri, ils vont arriver !

En surgissant derrière lui, Clémentine l'avait fait sursauter. Il se retourna pour lui sourire et la découvrit déjà apprêtée. Elle faisait toujours un effort vestimentaire quand leurs enfants venaient en visite, ajoutait même une touche de rouge à lèvres – certifié contenir au moins quatre-vingt-dix pour cent d'ingrédients d'origine naturelle.

— Et change de chemise, ajouta-t-elle en fronçant les sourcils.

Elle prenait soin de lui, veillait à la bonne tenue de la maison et préparait même de délicieux gratins de légumes. Sans doute Paul aurait-il apprécié une côte de bœuf de temps à autre, mais il ne se plaignait pas. Sauf…

Sauf lorsqu'elle avait émis l'idée d'agrandir leur potager. Bien sûr, les pommes de terre ou les salades cultivées à la maison étaient non seulement délicieuses mais parfaitement saines, mais les mauvaises herbes ne boudaient pas non plus le potager. Et Paul finissait par prendre sa binette en horreur. Pourquoi ne pas acheter au marché, où d'excellents producteurs locaux étalaient leurs récoltes ? Nul besoin de vivre en autarcie, on n'était pas en temps de guerre !

Il gagna la maison, se lava les mains puis enfila une chemise propre. Après une hésitation, il changea de chaussures, décidé à se montrer, lui aussi, sous son meilleur jour. Tandis qu'il nouait ses lacets, un joyeux coup de klaxon annonça l'arrivée de leur fils aîné, Antoine, avec sa femme et ses enfants. Ceux-ci jaillirent de la voiture à peine arrêtée pour sauter au cou de leurs grands-parents.

— Waouh, c'est beau ! s'exclama le cadet en découvrant le jardin plein de fleurs.

Clémentine reçut le compliment avec un grand sourire. Puis, pendant que les petits commençaient à gambader, Antoine fit discrètement signe à son père de le rejoindre. Dans le coffre de la voiture, dissimulé sous une couverture, il désigna un bidon dont l'étiquette avait été arrachée.

— Arrête de te crever sur les plates-bandes et les allées, chuchota-t-il. J'ai eu ce produit par un copain qui m'a garanti son efficacité. Tu n'auras qu'à le pulvériser quand maman partira faire des courses.

Les deux hommes échangèrent un sourire complice. Antoine se souciait peu d'écologie et ne prêtait qu'une oreille distraite aux discours de sa mère. Il se saisit du bidon et alla le porter dans l'abri où se rangeaient les outils de jardinage.

— Je le planque là, dit-il en poussant le bidon derrière de vieux pots de peinture.

— Viens, maintenant, mon grand, c'est l'heure de l'apéritif. Ta mère nous a préparé des allumettes au fromage, et j'espère que les enfants nous en laisseront !

Alors qu'ils quittaient l'abri, Antoine s'arrêta net, la tête levée vers le toit de la maison.

— C'est quoi, ça ?

Il venait de découvrir les panneaux photovoltaïques installés une semaine plus tôt.

— Un moyen de faire des économies d'énergie, répondit son père avec une grimace.

— Quel dommage pour la maison ! Elle était jolie, avant, avec ses petites tuiles anciennes…

Antoine semblait contrarié et déçu. Haussant les épaules, il entraîna son père vers la terrasse où Clémentine servait aux enfants un jus de fruits de sa composition. Paul prit la bouteille de champagne dans le seau plein de glaçons et emplit les flûtes tandis que Clémentine précisait fièrement :

— Un blanc de blancs, nature, boisé et minéral, que vous allez apprécier !

— Nature ? s'étonna Lily, la femme d'Antoine.

— Avec quatre fois moins de sucre qu'un champagne traditionnel.

Lily hocha la tête en signe d'approbation. Elle partageait les idées de sa belle-mère, mais, dans leur appartement, en ville, il y avait à peine la place pour une poubelle dans leur toute petite cuisine, alors, deux...

Le champagne se révélait bon, tout comme les allumettes au fromage, et un soleil printanier rendait le moment agréable. Les enfants jouaient à se poursuivre tandis que les adultes bavardaient en s'attardant. Antoine avait d'abord évoqué son travail de commercial au sein d'une grosse entreprise où il gagnait bien sa vie, puis il avait annoncé qu'avec sa femme ils comptaient se mettre en quête d'une maison à acheter. Habiter un appartement avec des enfants n'étant pas idéal, ce qu'ils avaient découvert lors du confinement dû à la crise sanitaire.

— Je rêve d'un jardin comme le vôtre ! s'exclama Lily.

En le disant, elle ne se rendit pas compte qu'elle venait d'ouvrir la boîte de Pandore.

— Sauf qu'il ne faudra pas compter sur moi pour désherber, ricana Antoine. Ni ça ni fendre du bois ou passer mes week-ends à tailler des haies. Un jardin, c'est pour que les enfants s'amusent sur un trampoline, pour faire des barbecues avec les copains et des siestes dans un hamac.

— Vous chercherez dans quel coin ? demanda Clémentine.

Manifestement, elle voulait changer de sujet pour éviter une dispute, mais son fils revint à la charge.

— Enfin, maman, tu ne vois pas que papa s'épuise ? Il est retraité, il a des rhumatismes, le dos en miettes, et il a le droit de profiter de la vie, plutôt que de s'échiner sur la cause perdue des orties et des chardons qui poussent plus vite qu'il ne les enlève.

— Oh, il faut bien le faire... tenta de temporiser Paul.

— Pourquoi ? Pour l'esthétique ?

— Parce que ça étouffe mes fleurs et mes légumes, gémit Clémentine.

— Mais c'est de l'égoïsme, maman ! D'ailleurs, dans une démarche écologique, tu devrais laisser faire la nature, au lieu de la contrarier.

Antoine était lancé et il tenait à aller au bout de ses arguments avant que sa femme ne suive de trop près l'exemple de sa belle-mère. Déjà, installé par Lily sur leur minuscule balcon, le bac à compost dans lequel maceraient les épluchures de légumes et de fruits en décomposition survolées par un bataillon de moucherons le dégoûtait dès qu'il ouvrait la fenêtre.

— Tu prononces le mot « écologie » comme une injure, fit remarquer Clémentine d'une voix pincée.

— Pas du tout ! En plus, je fais des efforts, comme tout le monde. Quand je descends dans le local à poubelles de notre immeuble, je prends garde de mettre mes sacs dans les bons containers. J'achète des produits bio et français le plus souvent possible, des tee-shirts en coton équitable, comme mon café. J'ai une voiture hybride, je laisse Lily faire son affreux compost sans rien dire, et je sensibilise mes enfants à l'avenir de notre planète. En dehors de ça, je refuse de me pourrir la vie. On met l'individu à contribution en le culpabilisant encore et encore, tout en le poussant à consommer, encore et encore. Pendant ce temps, les usines polluent, les agriculteurs répandent des produits toxiques à tout-va, les laboratoires pharmaceutiques qui nous empoisonnent ne sont jamais punis, et nos dirigeants se déplacent en voiture avec chauffeur en nous enjoignant de prendre les transports en commun ou le vélo ! C'est toujours aux petites gens d'accomplir des gestes pour sauver la Terre. Quelle injustice...

Sa tirade fut suivie d'un long silence. Paul semblait étonné par la révolte affichée de son fils, et Clémentine gardait un visage fermé. Pour sa part, Lily avait le regard perdu au loin.

— Je constate que tu es responsable, finit par concéder Clémentine. Mais tu mélanges tout.

— Il est râleur, marmonna Paul avec un sourire affectueux.

Le ronflement sonore d'une moto précéda l'arrivée de Lionel, leur fils cadet, qui s'arrêta en faisant gicler les graviers dont certains atterrirent sur la voiture d'Antoine qui protesta vertement :

— Bon sang, Lionel ! Tu ne peux pas faire attention ? Et aussi faire moins de bruit ? À croire que tu as trafiqué ton pot d'échappement...

Se tournant vers sa mère, il ajouta :

— Il finira par rouler sur tes fleurs !

Toutefois, il se leva pour aller embrasser son frère. Ils s'entendaient bien même s'ils se voyaient peu, ayant des modes de vie très différents. Lionel aimait voyager, il parcourait l'Europe sur sa moto, s'intéressait à tout mais ne se fixait nulle part. Antoine le trouvait immature et leurs parents s'inquiétaient pour son avenir.

— Nous étions en train de nous prendre la tête avec l'écologie, ajouta Antoine. Espérons que ton point de vue ne va pas jeter d'huile sur le feu !

Il souriait en le disant, mais Lionel savait à quel point les conversations familiales pouvaient vite se transformer en affrontements.

— Mon avis sur la question évolue au fil de mes découvertes dans d'autres pays, expliqua-t-il. Les Nordiques sont vraiment en avance sur nous. Là-bas, chaque citoyen participe activement, et leur programme de transition écologique est ambitieux. Néanmoins, au classement des pays les plus verts, la France a gagné la quatrième place, ce qui est très honorable.

— Je ne parlais pas du reste du monde, précisa Antoine, mais seulement de papa qui se fatigue à suivre les diktats de maman. Qu'il ait mal au dos ou pas, il doit manier la binette !

— Tu exagères, soupira Paul. Ta mère a raison sur bien des points.

— Et c'est toi qui te tapes tout le boulot.

— Non. Clémentine s'occupe de faire pousser des légumes et des fruits, de les ramasser, de les cuisiner, et nous nous régalons. Chacun ses tâches.

Paul défendait sa femme, il ne supportait pas qu'on l'attaque. Lui-même s'astreignait à ne pas lui faire de reproches, à ne pas discuter ses décisions. Lionel lui adressa un clin d'œil puis il se saisit des deux dernières allumettes au fromage qu'il engloutit. Mais Clémentine avait pensé à son fils cadet et elle revint sur la terrasse avec une nouvelle assiette d'allumettes tout juste sorties du four.

— Ne discutons plus de tout ça, suggéra-t-elle d'un ton plein d'espoir.

— Tout quoi ? s'enquit Lionel. Vous vous querelliez parce que Antoine trouve papa fatigué ?

Eh bien, ce problème est simple à résoudre ! Contactez les services d'aide à la personne, ils vous trouveront quelqu'un qui viendra vous aider pour le jardin. Vous offrirez ainsi quelques heures de travail à un jeune ou à un chômeur, papa sera soulagé, et vous n'aurez pas besoin d'avoir recours à des produits toxiques.

Antoine ne pouvait pas contredire ce conseil de bon sens, il choisit donc de se taire tandis que sa mère s'écriait avec enthousiasme :

— Voilà une excellente idée ! Pourquoi n'y avons-nous pas pensé ?

— Parce que vous voulez tout faire vous-mêmes.

— Petit frère, tu es la voix de la sagesse ! finit par railler Antoine.

Que Lionel ait trouvé la bonne solution l'agaçait. Comme lorsqu'ils étaient enfants et que le cadet se montrait souvent le plus malin.

— On va bientôt passer à table, intervint Clémentine.

Il fallut d'abord se mettre en quête des enfants qui jouaient à cache-cache. Lionel s'en chargea car il adorait ses neveux et chahutait volontiers avec eux. Lily suivit Clémentine à la cuisine et Paul en profita pour faire signe à Antoine, qu'il entraîna vers l'abri de jardin.

— Récupère ton bidon, dit-il à voix basse. Je n'en aurai pas besoin, on va suivre le conseil de ton frère. En tout cas, c'est très gentil d'y avoir pensé !

— Je voulais t'aider, bougonna Antoine.

— Et je t'en remercie, crois-moi. Mais tu sais, l'idée de mentir à ta mère ne me plaisait pas trop. De plus, je me sens concerné aussi. Je me dis que, pour les générations à venir, pour mes petits-enfants, agir permettra peut-être de ne pas leur laisser notre monde en trop mauvais état. À chacun de voir ce qu'il peut faire.

Antoine dévisagea son père, puis finit par lui sourire.

— Très bien, concéda-t-il. De toute façon, je n'aurais pas aimé être à l'origine d'une dispute entre maman et toi !

Ils jetèrent un coup d'œil hors de l'abri pour s'assurer qu'il n'y avait plus personne dans le jardin, puis ils allèrent remettre le bidon dans le coffre de la voiture. En regagnant la maison, ils trouvèrent la famille déjà attablée.

— Où étiez-vous passés ? leur lança Clémentine.

— Antoine me montrait sa voiture hybride, répondit Paul sans rougir, car ce n'était qu'un demi-mensonge.

— Hybride ? s'étonna Lionel. Eh bien, contre toute attente, mon frère va devenir le plus écolo d'entre nous !

Malgré une pointe de culpabilité, Antoine hocha la tête sans rire, sous le regard amusé de son père.

Marina
CARRÈRE D'ENCAUSSE

Les Vertiges du vide

Médecin et journaliste, Marina Carrère d'Encausse a travaillé pour des journaux médicaux et des magazines de santé grand public avant d'être coproductrice et coprésentatrice, avec Michel Cymes, des émissions médicales « Le Magazine de la santé » et « Allô docteurs », sur France 5. Elle a écrit plusieurs ouvrages sur la santé et trois romans : *Une femme blessée*, *Une femme entre deux mondes* et, plus récemment, *Les Enfants du secret*, paru aux Éditions Héloïse d'Ormesson.

Le rituel est toujours le même.

Avant de se mettre au lit, la fillette vérifie que les draps sont bien bordés, bien serrés sous le matelas. Elle veut être sûre que son corps ne pourra pas s'échapper, qu'elle ne risque pas de s'envoler et se perdre.

Il faut aussi une petite lumière. Une lampe de poche, en l'occurrence. Elle en change la pile chaque fois que sa maman part en voyage pour pouvoir s'éclairer dans la nuit si elle est seule. Quand sa maman est là, elle dort avec elle, blottie contre elle, dans sa chaleur. Là, rien ne peut lui arriver. Mais cela fait deux semaines que sa maman s'est envolée pour un pays lointain. Elle s'assure donc que sa lampe est à sa place, sous son oreiller.

Et puis, enfin, il y a Népomucène. C'est son ours, sa peluche. Il a un drôle de nom, elle ne sait plus pourquoi elle l'a appelé ainsi. C'est trop long, alors souvent, la nuit, quand elle lui parle, elle l'appelle Népo.

Il est marron clair, immense, énorme, prend toute la place. Elle est obligée de le pousser pour pouvoir s'allonger. Quand sa maman reste avec elle, Népomucène dort par terre. Elle n'en a pas besoin. Mais depuis deux semaines, il a retrouvé son lit et l'occupe largement.

Tout est prêt. Elle peut se coucher.

Elle défait un peu le drap, le moins possible, se glisse dans le lit puis rabat le tissu sur elle. D'un côté, son corps fluet est à la limite du vide, de l'autre, il est collé à son ours. Népomucène est en effet allongé lui aussi sous les draps, entre sa maîtresse et le mur. Ils ne font presque qu'un. Si elle le pouvait, elle se fondrait dans la peau de son ours pour qu'il la protège. Qu'il l'enveloppe, complètement.

Comme tous les soirs, elle hésite à fermer les yeux. Elle hésite, mais elle est tentée parce qu'elle a sommeil, bien sûr, et surtout parce que la peur qu'elle ressent a quelque chose de fascinant. D'interdit. Ce qu'elle vit tous les soirs qui n'appartient qu'à elle, elle l'attend et le redoute. Elle a essayé d'en parler à son papa un jour, mais c'est très difficile d'exprimer ce qu'elle ressent, de raconter ce qu'elle vit, elle ne trouve pas ses mots. Elle n'a rien dit de précis à sa maman sauf qu'elle avait peur, et ça a suffi, chaque nuit sa maman la rejoint pour dormir contre elle. Sauf en ce moment.

Il est temps. Elle se rapproche encore un peu de Népo et ferme les paupières. Une seconde, deux secondes… et ça y est, le vide l'aspire, l'attire sans qu'elle puisse résister.

D'abord, il y a ce qu'elle voit. Le noir. Un noir total. Comme si on avait pris la peinture la plus sombre possible et qu'on avait donné des grands coups de pinceau avec au plafond. Des coups de pinceau qui laissent des traces, traces noires sur fond noir, comme des spirales. Et il n'y a rien pour éclairer ce noir.

Ensuite, il y a ce qu'elle ressent. La peur. D'être emportée. Que son corps s'échappe des draps et monte vers ce noir. Très vite, les spirales la font tourner sur elle-même. Elle se retrouve perdue, dans le vide absolu, dans le noir absolu. Parfois, son ours arrive à la retenir. Parfois, ses draps bien serrés l'empêchent de s'envoler. Mais souvent, c'est ce qui se passe là-haut qui domine. Et ce qu'elle ressent alors, c'est qu'un jour elle n'existera plus. On lui a parlé de la mort quand sa grand-mère est partie. Mais ce n'est pas la mort qui lui fait si peur. C'est ce sentiment vertigineux, inadmissible, qu'un jour, elle partira dans ce noir, dans ce vide dont elle ne pourra revenir. Et ce sera comme si elle n'avait jamais existé. Ce sera alors quoi ? La mort ? La disparition ? L'absence ? Elle ne sait pas, mais ce qui est certain, c'est qu'elle se retrouvera seule là-haut dans le noir. Là où il n'y a rien ni personne.

D'autres petites filles l'ont précédée, c'est sûr, dans des lits identiques, et en sont parties pour ne plus revenir. D'autres petites filles lui succéderont. Elles aussi un jour seront emportées.

C'est ça qui est vertigineux, ce mouvement qu'elle sent dans tout son corps qui l'entraîne irrésistiblement vers le haut. Vers le vide.

Ce soir, elle sent que ça arrive. Que cette force va gagner, qu'elle sera plus forte qu'elle et son petit corps. Elle sent son cœur battre vite, ça la gêne pour respirer. Alors elle lutte pour bouger. C'est lourd, mais elle insiste et elle parvient à glisser la main sous son oreiller. En ressort sa lampe de poche et pousse le bouton vers le haut. Là, elle ouvre les yeux. La lumière. Elle la fixe, longuement, le temps que son cœur se calme. Alors, elle s'enfonce dans son lit, remonte les draps au-dessus de sa tête, se rapproche de son ours et pose sa lampe allumée entre eux deux. Tout s'éclaire. Aucune force ne peut la prendre. Pour cette fois. Car elle sait que demain, tout recommencera. Et qu'elle ne sera jamais tranquille. Elle l'accepte, mais c'est si douloureux d'imaginer toutes les nuits de sa vie à appréhender ce noir qui l'emporte.

Et les jours, les semaines, les mois passèrent ainsi.
Jusqu'au jour où sa vie bascula. Un soir, évidemment.

Elle allait se coucher quand son père arriva. Ils étaient au pic du Midi de Bigorre. Sa mère était de nouveau en voyage et la petite fille était désespérée. Toute la journée, elle avait beaucoup pleuré, beaucoup et bruyamment, avec de grands hoquets, usant les ultimes réserves de patience de son père qui, gentiment, avait décidé de l'emmener quelques jours en vacances pour la consoler de l'absence de sa mère. Et il ne savait plus quoi faire pour apaiser la petite fille.
Alors, ce soir-là, il décida de lui faire une surprise.
— Viens avec moi, je vais te montrer et t'apprendre quelque chose.
— Quoi ?

— Si je te le dis, ce n'est plus une surprise. Surtout, habille-toi chaudement, on va rentrer tard.

— Mais ça va être la nuit, papa, on ne sort pas quand il fait nuit.

— Si, justement, c'est parce qu'il va faire nuit qu'on sort.

Intriguée, et ne pensant plus à pleurer, la petite fille mit des grosses chaussettes, son pyjama le plus chaud, ses bottes jaunes pour la pluie et son manteau. Elle tendit alors la main à son père et lui sourit. *Enfin...* pensa-t-il, heureux.

Ils sortirent tous les deux, le soleil finissait de se coucher, on sentait que la nuit risquait d'être froide. Ils arrivèrent au pied d'une grosse machine.

— C'est un téléphérique, ma chérie. On va le prendre et monter pour voir ce qui est beau là-haut.

L'ascension fit un peu peur à la fillette. Elle se cachait derrière son père, mais vit quand même, alors qu'ils étaient presque arrivés, le soleil disparaître.

— Papa, il fait tout noir.

— Oui, et c'est ça qui va être magique. Viens.

Il entraîna sa fille jusqu'à une grande salle. Là, ils prirent place dans de profonds fauteuils.

— On va au cinéma, papa ?

— Non, ma chérie, mais on va voir un film que tu pourras regarder tous les soirs, on va regarder le ciel et la vie dans le ciel.

Il inclina alors le siège de sa fille. Elle leva la tête et vit au-dessus d'elle non pas un plafond, mais une immense bulle en verre. Et là où elle aurait dû voir le noir, le vide, la peur, elle vit de la lumière. Des lumières partout.

— Mais, papa, pourquoi dans le ciel il ne fait pas tout noir ?

— Parce qu'il y a des étoiles, dans le ciel. Regarde, suis mon doigt. Tu vois celle qui brille devant nous ? On l'appelle l'étoile du Berger, c'est la plus brillante, elle peut te guider sur un chemin. Et il y en a beaucoup d'autres. Et pas que des étoiles. Regarde attentivement ce que je vais te montrer. Et écoute-moi.

Le père avait acquis de son propre père ses connaissances sur les étoiles et il trouvait normal de transmettre à son tour cela à sa fille.

Durant un long moment, il lui expliqua, avec les mots que son père avait eus pour qu'il comprenne, le ciel, les étoiles, mais aussi les planètes, l'univers. Elle l'écoutait sans l'interrompre, avec passion.

Quand il eut fini, elle lui dit :

— Mais, ça s'arrête où, l'univers ?

— On ne sait pas, on ne sait même pas si ça se finit, en fait.

— Pourtant la maîtresse nous a montré un livre avec des hommes qui montaient dans une fusée. Quand la fusée décolle, si elle vole très très longtemps, elle va finir par se cogner contre un mur, non ?

— Non, même si tu voles des semaines, tu ne sortiras pas de l'univers.

La petite fille se tut. Elle réfléchissait à tout ce que son père lui avait révélé ce soir. Ça changeait tout. Le ciel, ce n'était pas le vide, le noir n'était pas que noir. Il y avait tellement de choses autour d'eux, elle n'était pas seule dans cet univers. Et celui-ci ne pouvait pas l'emporter.

Elle ne devait plus avoir peur la nuit. Mais rêver à toutes ces étoiles.

Ils se prirent la main et continuèrent à observer ce spectacle magique.

Elle commençait à s'endormir quand son père lui dit :

— On va redescendre, à présent, il est très tard.

Pendant tout le trajet de retour, elle garda son visage levé vers le ciel pour ne rien perdre de tous ces mystères qui l'entouraient.

Arrivée dans sa chambre, elle grimpa dans son lit d'un geste assuré, se glissa sous ses couvertures sans faire attention à la façon dont le lit était fait. Le père la regardait.

— Tu ne vas pas avoir peur, ce soir ?

— Tu te souviens que je t'en avais parlé ?

— Bien sûr, c'est pour ça que je t'ai emmenée dans cet endroit.

— Merci, papa. Grâce à tout ça, je sais que je ne vais pas avoir peur cette nuit, et je crois que je n'aurai plus jamais peur.

Elle lui passa les bras autour du cou et le serra fort pour qu'il comprenne bien tout ce qu'elle avait ressenti ce soir. Et comme elle l'aimait. Le câlin se prolongea par des bisous.

— Dors bien, ma chérie. À demain.

Le père borda avec application sa petite fille. Il s'éloignait quand...

— Dis-moi encore une chose, papa. Il n'y a que sur la Terre que l'on vit ? Il n'y a personne, sur les autres planètes ?

Son père revint s'asseoir près d'elle, sur le lit, et lui dit :

— On n'est pas sûr de tout, tu sais, mais on pense qu'aujourd'hui seule la Terre est habitée. Peut-être qu'il y a très très très longtemps il y a eu une sorte de vie sur d'autres planètes. Mais aujourd'hui on ne peut vivre que sur la Terre. Si on allait sur le Soleil, par exemple, on mourrait. Alors je vais te dire quelque chose d'important. Il faudra que tu t'en souviennes. Pour que l'on puisse vivre longtemps sur notre Terre, qu'elle ne devienne pas une autre planète inhabitée, il faut y faire attention. Très attention. Elle nous permet aujourd'hui de vivre, mais elle est fragile. Et elle s'abîme à cause de nous. Il faut donc la respecter et tout faire pour que pendant encore très très très longtemps d'autres gens puissent continuer à y vivre. Si on la protège bien, tes enfants, les enfants de tes enfants, et les autres après, pourront eux aussi, comme toi ce soir, avoir les pieds sur Terre et la tête dans les étoiles.

À ces mots, la petite fille ferma les yeux et, très vite, s'endormit sans peur.

François d'Epenoux

La mèche est dite

François d'Epenoux a publié une douzaine d'ouvrages aux Éditions Anne Carrière, dont deux ont été adaptés au cinéma : *Deux jours à tuer* et *Les Papas du dimanche*. *Le Réveil du cœur* a reçu le prix Maison de la Presse. Récemment, il a publié *Les Désossés*, un huis clos noir et surprenant, toujours chez le même éditeur.

Il déboule à la manière d'un boxeur un soir de championnat du monde WBC, naseaux fumants, teint brique, boudiné dans son costume bleu nuit, encore plus massif en vrai qu'à la télé. Sa légendaire coiffure jus de carotte peroxydée, mi-banane de rocker, mi-balayage laqué, le distinguerait entre mille – seule la coupe de Don King, légendaire manager de Mike Tyson, pourrait rivaliser.

Impatient, il consulte sa montre, une sorte de réveille-matin en or massif assorti à ses boutons de manchettes. Déjà il tourne en rond dans cette pièce aveugle aux parois insonorisées. Il ignore que, derrière le miroir sans tain, cent pour cent des puissants de ce monde scrutent chacun de ses gestes. Dirigeants, lobbyistes, rois des médias et des affaires, diplomates, habitués de Davos et autres seigneurs planétaires, tous sont au rendez-vous. Moelleusement enfoncés dans leurs fauteuils disposés en gradins. Comme au cinéma. Ne manque que le pop-corn au caviar. Non loin, dans un aéroport privé, les jets sont alignés comme des bagnoles sur le parking d'un hypermarché.

Le poids lourd déchu de son titre se laisse tomber sur l'unique chaise mise à sa disposition, comme un puncheur dans un coin de ring avant le combat. Avant le gong. Sauf qu'aucun coach ne vient lui éponger le front ou lui placer un protège-dents. À présent, face au miroir, il apparaît tel qu'en lui-même, tel qu'on l'a toujours vu : faussement calmé, assis, mais menaçant, buste en avant, cravate rouge pendant entre ses cuisses puissantes, coudes posés sur celles-ci. Ses larges paumes se frottent l'une l'autre comme si de tout, décidément, il se lavait les mains. C'est compter sans ses petits yeux rusés, toujours aux aguets sous la barre des sourcils blonds. C'est compter sans son étrange petite bouche, entrouverte, lippe luisante, comme bloquée sur une expression de reproche permanent. Néanmoins juvénile, elle seule témoigne vraiment de ce que l'homme fut jadis : un gamin américain des années 1950, bien peigné, au visage doux, tout droit sorti d'une illustration de Norman Rockwell.

À l'observer ainsi, fébrile, sous un néon blanc, on voit bien que le fauve se pose bien des questions. Impression confirmée par le rugissement qu'il pousse alors :

— Quelqu'un pourrait me dire ce que je fous dans cette putain de cage ?

Il cherche du regard l'un de ses conseillers, mais tous ont déserté les lieux. Y compris ses gardes du corps, avec leurs calibres et leurs oreillettes. Ce petit monde vient de se mêler au grand, derrière la fameuse glace sans tain. Le champion toutes catégories de la politique spectacle occupe seul l'écran.

Le blockbuster du siècle peut commencer. *Donald, le retour.* Sacrée affiche.

La Voix retentit, métallique, impersonnelle :

— Bonjour, monsieur le Président. Merci d'être venu.

— *Bullshit.* On m'a demandé d'être là. Nuance. Si ça tenait qu'à moi, je serais à Mar-a-Lago en train de jouer au golf.

— Permettez-moi de vous remercier tout de même, au nom de toutes les personnes ici présentes.

Il balance ses larges épaules, regarde autour de lui. Son cou taurin fait des plis au-dessus du col amidonné. Sa bouche se tord vers le bas, en une moue exaspérée.

— Qui me parle ? Vous êtes qui, bordel ?

— Le groupe Bilderberg, monsieur le Président.

— Bill qui ? Putain, précisez ! Des Bill, j'en connais dix mille !

— Bilderberg, monsieur le Président. Comme « conférence Bilderberg ». Vous savez…

— Ah, ça ! Ce foutu club de peigne-culs qui s'amusent à comploter en cachette pour se donner de l'importance ? Oui, je connais, merci. Et alors ?

— Et alors ce foutu club de peigne-culs vous a convoqué ce jour, monsieur Trump, pour savoir si oui ou non vous ferez un second mandat en 2024.

— Quoi ?

— Vous avez bien entendu, continue la Voix, imperturbable. Le club Bilderberg est réuni aujourd'hui pour décider de votre sort. Autrement dit, pour savoir s'il fera de vous, de nouveau, le futur président des États-Unis d'Amérique. Vous lui devez votre premier mandat. Eh bien, vous lui devrez peut-être le second, voilà tout. Considérez cette session comme une… première reprise de contact.

— Reprise de contact, mon cul. Ça ressemble plutôt à un entretien d'embauche, votre truc.

— Prenez-le comme vous voulez, monsieur le Président. Mais il se trouve que vous souhaitez vous représenter en 2024, n'est-ce pas ? Et il se trouve aussi que, malgré ce que prétendent vos détracteurs et malgré vos… petites erreurs de parcours, nous vous reconnaissons un bon bilan économique et financier. Croissance forte, chômage faible, dynamisme des entreprises, autant de voyants remis au vert grâce à vous, et dont beaucoup, parmi nous, ont bien profité, il faut le reconnaître. Le but de cette réunion est donc de voir dans quelle mesure nos intérêts respectifs peuvent de nouveau concorder.

Là, Trump se marre carrément.

— Super ! Et l'autre vieillard réjoui, vous en faites quoi ?

— M. Biden ?

— Oui, pas mon grand-père ! Le squelette dégarni qui a pris mon job, je vous le redemande, vous en faites quoi ?

— M. Biden a toujours dit qu'il ne briguerait pas un second mandat. Vous, vous êtes encore jeune, et en bonne santé. Physique, en tout cas.

— Trop aimable…

— Rien à voir avec l'amabilité. C'est une question de fait : quand vous avez quitté la Maison Blanche, l'économie du pays allait mieux. Un point c'est tout. Pour nous, c'est l'essentiel.

— Vous m'en voyez ravi, grogne l'intéressé. Mais j'imagine qu'il y a un « mais » ?

Derrière le miroir, tous les participants échangent un regard amusé. L'homme reste ce qu'il a toujours été : un négociateur avisé. On ne la lui fait pas, et ils le savent : beaucoup sont de ses amis.

La Voix reprend :

— Vous imaginez bien, monsieur le Président. En effet, il y a un « mais ».

— Allez-y, crachez le morceau, on ne va pas y passer la nuit.

— Comme vous voudrez. Le « mais », c'est votre position sur certains sujets un peu… délicats. Deux sujets essentiels, pour être précis, et que l'on ne pourra pas complètement éluder cette fois-ci.

Mouvements sur la chaise. Plis de cou. Chaussures sur mesure qui ripent nerveusement sur le sol. Rictus de mauvais augure.

— Je vous écoute.

— Êtes-vous d'accord pour vous en tenir aux questions, et uniquement aux questions, monsieur le Président ?

— Ouais… on verra. Allez-y.

— Il y a deux grands thèmes, disons… problématiques. Le premier, ce sont vos relations avec les femmes.

À ce simple mot, la mèche blonde s'allume comme celle d'un bâton de dynamite.

— Merde, vous allez pas encore me parler de ces ragots de bonnes femmes, quand même ? Pas ça ? Cette histoire de bus, là… j'ai tout raconté là-dessus… c'était du *fake* !… Et puis quoi, ça va, dans le business, y a pas que des saintes-nitouches, non plus… C'est pas à vous que je vais l'apprendre ?

Légers toussotements derrière la vitre, surtout parmi les quelques femmes présentes, toutes CEO en titre des plus grosses entreprises du NASDAQ et autres CAC 40. Décidément, ce type est énorme, dans tous les sens du terme. Tellement caricatural qu'en faire une tête de Turc n'est même plus amusant. S'il n'existait pas, il faudrait l'inventer.

Mais la Voix reste de marbre :

— Monsieur le Président, comprenez-vous que l'on puisse penser que vous avez un problème avec les femmes ?

— Mais non. La preuve, j'adore les avoir dans mon lit. Et celles qui m'ont approché n'ont pas eu à s'en plaindre. Elles ont gagné des millions de dollars, soit en pension alimentaire, soit en dommages et intérêts.

— C'est une réponse… Et toutes ces jeunes femmes que vous avez harcelées ?

— J'étais consentant !

— Et toutes ces miss que vous regardiez comme de la viande ?

— C'étaient des miss, vous l'avez dit !

— Et Ivanka ?

Le sourire retombe net.

— Quoi, Ivanka ?

— Ivanka, votre fille. Quand vous dites que « si vous n'étiez pas son père, vous sortiriez bien avec elle » ? Vous ne trouvez pas que c'est un peu… spécial ?

— Pas du tout. C'est un hommage que je lui rends. De toute façon, il ne vous a pas échappé que ma femme, c'est Melania.

— Elle existe, donc.
— Pardon ?
— Ici, au Bilderberg, nous nous sommes parfois demandé si elle était réelle. Si ce n'était pas un hologramme. Tant elle semble en toutes circonstances imperturbable, presque... robotique. N'offrant aucune prise aux éléments, au temps, à tout. Un simple faire-valoir, en somme, conçu pour vous donner la main devant les caméras, conformément à un contrat que vous auriez passé tous les deux.
— Vous déconnez, là ?
— Pas le moins du monde, monsieur le Président.
Le bestiau de concours a un sourire canaille, qui découvre son râtelier d'un blanc immaculé.
— Je peux vous dire que ma femme n'est pas une vision en 3D. Ni une machine fabriquée à partir de je ne sais quel alliage. Moi qui la connais de près, je peux vous dire qu'elle a une sacrée paire de...
— Boucles d'oreilles ?
— Mais non ! Une sacrée paire de...
— Chaussures ? Et même plusieurs, non ?
— Faites chier ! Vous voyez bien de quoi je parle, non ?
Non, à peine. Ah ce Donald, quel comique ! Porter le prénom d'un personnage de Walt Disney, en l'occurrence un canard déguisé en matelot, l'a, semble-t-il, prédisposé à avoir un humour fou. À défaut d'un humour fin. La Voix ne s'y trompe pas :
— Voyez-vous, monsieur le Président, vos réponses ne sont pas faites pour nous rassurer. À l'heure du mouvement #MeeToo, vous tombez à pieds joints dans le piège grossier que nous vous avons tendu. Votre femme, que nous avons

sciemment dépeinte sous les traits d'un personnage hiératique, voire un peu irréel, regardez à quoi vous la réduisez ! À une paire de...
— *YOU'RE FIRED !*
Le hurlement a laissé tout le monde bouche bée. L'ex-45ᵉ président des États-Unis est à présent debout, le visage cramoisi, les yeux injectés de sang, la bave aux lèvres. Il s'est dressé avec une telle violence que sa chaise en a valsé derrière lui. Ses énormes poings sont posés à même la table. Un gorille bombant le torse avec la coupe d'Andy Warhol ! Comme quoi, le ridicule ne tue pas. Mais toujours pas de quoi déstabiliser la Voix. Au contraire.
— Donald, il semble que vous ayez été rattrapé par vos anciens réflexes télévisuels. C'est plus fort que vous. Mais sachez que, ici, nous ne sommes pas dans une émission de télé-réalité débile. En ce moment même, vous êtes observé par tout ce que la planète compte de gens puissants. Plus puissants que vous encore. Alors merci de vous calmer. Si vous vous excitez encore une fois, on vous colle une fléchette tranquillisante dans les fesses. Sachez qu'il y a un fusil hypodermique braqué sur vous. Au Zimbabwe, les rangers utilisent ça pour endormir les éléphants.
L'observé se rassoit de mauvaise grâce.
— Bande de fiottes...
— ... Ce qui m'amène d'ailleurs à mon deuxième sujet délicat.
Mauvaise humeur palpable chez le candidat rougeaud, qui se cabre d'abord un peu, s'ébroue, l'œil méfiant.

— Allez-y... au point où on en est.

La Voix se fait plus doucereuse, comme si elle s'adressait à un enfant turbulent.

— Vous ne voyez pas où je veux en venir, monsieur le Président ?

— Non... vous me parliez des éléphants, je crois. Mais franchement, qu'est-ce que j'en ai à foutre, moi, des éléphants ? Mon fils, ça oui, il les aime bien ! Surtout sous forme de trophées ! Ah ah ah !

Silence gêné derrière la vitre. Décidément, faire réélire ce candidat ne va pas être simple. Ce dernier se reprend :

— Que voulez-vous, c'est un fan de chasse au gros gibier, on ne peut pas lui en vouloir... ça et les lions, c'est sa came... mais moi, franchement... ces grosses bestioles stupides avec leur trompe et leurs grandes oreilles, c'est pas mon truc.

— C'est dommage, reprend la Voix, glaciale. Car c'est précisément de *ça* qu'on voulait vous parler maintenant.

— De quoi ?

— Eh bien... d'animaux, de nature, de forêts... d'écologie, quoi. De la façon dont vous voyez la planète de demain. Et notamment de votre volonté, ou non, de respecter à l'avenir l'accord de Paris.

À entendre la puissance du rire qui monte alors dans la pièce, tout le monde se demande si le miroir sans tain va résister. C'est un rire à fragmentation, une déflagration, une bombe atomique. L'homme au costume bleu nuit en est tout secoué, du haut de sa permanente jusqu'à ses pompes en croco. Quand il retrouve son souffle, des spasmes remuent encore sa carcasse gigantesque, par secousses sismiques.

— L'écologie ! s'esclaffe-t-il. Manquait plus que ça !

— Eh oui, l'écologie. La planète et vous, la planète et nous. Sans planète préservée, pas d'humanité possible.

— Et sans Trump, pas d'affaires possibles. *Make business great again !* C'est ça, mon truc. C'est ça, ma drogue. Mes enfants, c'est la chasse au gros gibier. Moi, c'est la chasse au gros pognon. Pas l'écologie !

— Peut-être, mais comment voulez-vous faire des affaires sur une planète dévastée ?

— Oh, là, là, quel rabat-joie ! En attendant qu'elle le soit, dévastée, croyez-moi, on a le temps de s'amuser.

— Après vous, le Déluge, c'est ça ?

— Après moi, des générations qui trouveront une solution.

— Qui s'adapteront, en somme.

— Mais vous me faites rigoler... Moi aussi, je m'adapte ! Regardez : je viens d'investir dans une compagnie de croisière qui va pouvoir passer par la nouvelle route des pôles, grâce aux voies ouvertes par la banquise fondue. Faudra juste passer au large de mes nouvelles stations de forage, parce que ça aussi, c'est prévu. Oh, c'est pas de l'adaptation, ça ? Des bateaux 5 étoiles, avec vue imprenable sur les baleines et les ours blancs ?

— Des ours qui dansent la gigue sur des glaçons fondus...

— Eh, oh !... ça va, c'est que des animaux ! Y en a partout, des animaux ! Un peu plus ou un peu moins...

— Et les populations de pêcheurs condamnées à émigrer, tant leurs espaces naturels se réduisent, vous y avez songé ?

— Mais eux aussi s'adapteront, rassurez-vous ! Ils ont ça dans le sang : un trou dans la glace, et hop, du poisson frais ! Et bio, en plus ! Vous savez combien ça coûte, du poisson bio, dans le moindre bistrot branché de SoHo ?

Derrière la vitre, ça murmure, ça chuchote, ça s'offusque. Même la Voix semble prise de court. Elle continue néanmoins :

— Et à part ça, monsieur Trump... avez-vous d'autres, comment dirais-je... projets d'adaptation ?

Sourire entendu du candidat.

— Un peu, que j'ai des projets d'adaptation... Je viens d'injecter des millions de dollars dans une société hollandaise de villages flottants. Des villages flottants partout ! Aux Pays-Bas, ils sont très forts pour ce genre de trucs.

— Et ça consiste en quoi ?

— À des structures autonomes, avec tout : habitations, magasins, espaces verts... le tout posé sur des gros radeaux. Y en aura aussi pour les hauts revenus, avec des piscines et des casinos. Un peu sur le modèle des paquebots transatlantiques, mais en plus classe.

— Les paquebots ? Vous parlez des immeubles sur coque qui défigurent Venise ?

— Venise ? Ah, vous voulez dire Venice, à Los Angeles ? Là où y a des filles qui font du roller ?

— Non non, monsieur Trump. Venise, en Italie.

— Connais pas. Y a un golf ?

— Euh... aucune idée.

— Si y a pas de golf, c'est normal que je connaisse pas. J'adore mettre ma casquette et faire de la voiturette. C'est d'ailleurs pour ça que je m'entends bien avec Bolso, qui fait du très bon job dans son pays.

La Voix s'étrangle :

— Bolso... Bolsonaro ? Le président du Brésil ? Mais quel rapport ?

— Vous n'êtes pas au courant ? S'il est en train de raser la forêt amazonienne, c'est pas pour les cultures, enfin, pas seulement ! C'est pour créer le plus grand golf du monde ! Un parcours de mille huit cents trous ! Comme ça, on ne voit jamais le même paysage pendant qu'on joue. C'est génial, non ?

— Vous plaisantez ?

— Pas du tout, c'est ce que m'a dit Jair, mot pour mot ! Et attention, hein, avec toutes les infrastructures : héliports, complexes hôteliers, spas, décors de jungle intégralement reproduits dans des bulles climatisées... *Amazing !*

— Mais, monsieur Trump... vous êtes certain qu'il vous a dit la vérité ?

— Bien sûr que oui ! Il en est parfaitement capable !

— En effet, ça, on n'en doute pas... mais quand bien même ce serait vrai, qu'adviendrait-il des Indiens ?

Sur sa chaise, Super-Président n'en revient pas : il n'a jamais entendu pareille sottise.

— Là c'est à mon tour de vous demander : quel rapport ? Les Indiens, que je sache, ce sont des gens à cheval, qui ont des plumes sur la tête et qui attaquent les diligences en poussant des cris.

Franchement, vous avez vu ça où, dans la forêt amazonienne ?

Rires francs derrière le miroir-écran. C'est du grand spectacle. On reprend une coupe de Cristal Roederer pour fêter ça.

— Monsieur le Président, poursuit la Voix calmement, non plus comme si elle s'adressait à un enfant, mais plutôt à un demeuré. Je ne vous parle pas ici de Comanches ou d'Apaches, mais de communautés indiennes qui vivent dans la forêt... qui en tirent leur subsistance... qui ont une culture propre... les Yanomami, par exemple...

— Yano... quoi ? Désolé, c'est comme votre ville en Italie, là... connais pas.

— Rassurez-vous, ils ne vous connaissent pas non plus...

La Voix s'arrête net, se retenant d'ajouter : « Dieu merci. » Puis elle enchaîne :

— Au-delà des Indiens, monsieur le Président, est-ce que vous réalisez que la forêt amazonienne, entre autres, représente le poumon vert de la planète... qu'elle absorbe un immense pourcentage du CO_2 que nous émettons ? Que la raser, c'est nous asphyxier ? Qu'à ce train-là, la Terre va se réchauffer de façon irréversible ?

— Vous rigolez ? En mars, on a eu de la neige à Washington, comme jamais ! Tu parles d'un réchauffement ! J'en ai même fait un tweet, qui a eu beaucoup de succès.

— À quoi il vous a été répondu que vous confondiez météo et climatologie... souvenez-vous !

— Je n'y peux rien, si les gens jouent sur les mots.

— « Jouent sur les mots » ? Monsieur Trump, si rien n'est fait, savez-vous que c'est toute forme de vie sur Terre qui est menacée ? Et, accessoirement, l'humanité même ? Que le niveau des océans va monter ?

— D'où mes villages flottants ! Vous voyez, je suis au courant !

— Que les écosystèmes vont péricliter ? Qu'il va y avoir des millions et des millions de réfugiés climatiques ?

— Qu'ils viennent, tiens ! On les attend ! Le doigt sur la détente. On est armés. Le deuxième amendement de la Constitution, c'est pas fait pour les sauvages.

Sur ces mots, le King de la permanente abricot s'est levé d'un coup, martial. Une Trump Tower humaine, en chair et en os : droite, massive, clinquante, de mauvais goût. Même la Voix est proche du découragement.

— Mais, monsieur Trump, vous semblez ne pas comprendre : personne ne sera épargné !

— Même pas les plus riches ?

— Mais non !

La tour semble vaciller sur sa base. Trump se rassoit, décontenancé.

— Ah bon ? Alors ça sert à quoi, d'être riche ?

— À avoir le temps de gamberger ! Enfin, monsieur le Président, réfléchissez ! Ne serait-ce que pour vos amis ! Imaginez, un jour il n'y aura plus de neige dans les stations de ski !

— Je ne skie pas.

— Les îles paradisiaques vont disparaître !

— Tant mieux ! J'en ai plusieurs, elles me coûtent un fric fou.

— Les coraux seront décolorés !

— Ah, ne me parlez pas de décoloration. Et puis je ne pratique pas la pêche sous-marine.

— Mais il n'y a pas que vous ! Et les autres, vous y pensez ?

— Non.

— Jamais ?

— Jamais.

La Voix perd pied, se rattrape.

— Bon, admettons… mais enfin, il n'y a pas que ça ! Il y a la sécurité ! Les hauts murs, les caméras, les systèmes de détection et même vos chères armes à feu, tout ça ne pourra rien contre la multitude ! Ce dont je vous parle, c'est l'Apocalypse ! Avec toujours plus d'incendies, de raz de marée, de typhons, de tsunamis, d'ouragans… et donc de réfugiés désespérés !

L'expression de Trump s'est figée. Un mot l'a percuté de plein fouet, plus fort qu'une balle perdue lors d'un énième massacre perpétré au fusil à pompe par un lycéen de mauvaise humeur. Au bout d'un long moment, quelque chose bouge enfin sous la moumoute pailletée.

— Des ouragans ? Vous avez dit des ouragans ?

— Oui, ce genre de choses. Une folie climatique, un dérèglement total. Des ouragans, des cyclones, des tornades, tout ce que vous voulez.

— Quelle vitesse, les vents ?

— On a souvent vu plus de 260 kilomètres/heure. Et ce n'est qu'un début.

— 260 ? Comme ma Lamborghini ?

— 260.
— *Shit.*
— Pardon, monsieur le Président ?
— J'ai dit : *shit !* Ma laque est conçue pour résister à des vents de 250 kilomètres/heure. Au-delà, c'est le décoiffage garanti. Et en plus, je ne suis plus assuré. Ça, par contre, c'est un vrai problème.

Un silence s'installe. Lourd, le silence, très lourd – on parle ici d'un bon quintal de gras, nourri aux nuggets et largement aussi capitonné que les murs de la pièce. Derrière le miroir sans tain, la stupeur s'est emparée des travées : chacun est suspendu aux petites lèvres charnues du héros du jour, roi de l'immobilier, roi de la frime, roi des meetings, ex-roi d'États de moins en moins unis. D'un geste brusque, on refuse le champagne proposé par des hôtesses qui ressemblent à des top models. On refuse les cigares cubains, prévus pour après. Bref, on refuse de croire à ce qu'on voit. On se contente juste de regarder, halluciné. Plus rien ne compte que cet ex-président, dont la principale préoccupation climatique est de savoir si oui ou non sa coupe laquée restera bien fixée en cas de grosse bourrasque. Le temps paraît s'être définitivement arrêté lorsque la Voix, comme remontée des abysses, se risque enfin :
— Monsieur le Président ?
— Hmmm.
— Vous en étiez à, je cite : « Ça, par contre, c'est un vrai problème. »
— Hmm.
— Puis-je vous demander ce que vous entendez par là ?

— Faites pas chier. Ce n'est pas *un* vrai problème. C'est *LE* vrai problème. Le seul, l'unique. Celui qui fait mon identité, ma signature de marque à l'international, bien plus encore que le logo Trump sur la carlingue de mes avions ou de mes hélicos. Je veux parler de ma coupe de cheveux. Pour vous, c'est rien. Pour moi, c'est tout.

— Un peu comme le panache blanc d'Henri IV.

Trump ne prend même pas la peine de marmonner qu'il ne connaît pas cet Henri et qu'il n'en a rien à foutre. Il garde le regard braqué sur le sol, complètement absent. Puis quelques mots arrivent enfin :

— Vous me parliez d'un accord, là... C'est quoi, déjà ?

— L'accord de Paris, monsieur le Président. Adopté en 2015 par cent quatre-vingt-seize parties lors de la conférence de Paris sur les changements climatiques, en France.

— Hmm. Et ça fait souffler les vents moins fort, ça ?

— Pas tout de suite, tout de suite, monsieur le Président. Mais à terme, oui, assurément, ça y contribue.

— Et on peut le réintégrer ? Je veux dire, l'accord de Paris.

— Tout dépend de vous, monsieur le Président.

— *Deal*. Si vous me remettez à la Maison Blanche, je signe ce truc.

— Vous vous y engagez, monsieur le Président ?

— Bien sûr que oui ! J'ai l'habitude de ne pas tenir mes engagements, peut-être ?

La Voix se dispense de répondre. Dans les travées, on se lève déjà, on lisse du plat de la paume son costume Armani ou sa jupe Chanel, on se congratule, on se donne même l'accolade. *Deal*, le mot a été dit. L'avenir climatique de la planète Terre est presque sauvé. Courchevel, Aspen, les Maldives et les Seychelles sont presque sauvés. Et le business, *last but not least*, est presque sauvé. On se dirige vers la sortie. On s'engouffre dans les limousines. Côté tarmac, les équipages sont prévenus, les jets sont prêts au décollage. Quant à Donald Trump, lui aussi est content. Il sera réélu, c'est bien le principal. Il ignore qu'à cet instant précis un ouragan d'une violence jamais vue se dirige droit vers la Floride en général. Et sur Mar-a-Lago en particulier. On lui donnera un joli prénom féminin, comme Ida ou Katrina. Plus qu'un symbole, une revanche. Et, à en croire les bulletins météo, ça risque de décoiffer.

Karine GIEBEL

Lobo

Grande collectionneuse des prix littéraires prestigieux et maître *ès* thrillers psychologiques, Karine Giebel est à la fois reine du polar et reine de la nouvelle. Elle sait condenser en quelques pages la force d'un roman pour nous entraîner dans son sillage. Avec une quinzaine de romans et recueils noirs, elle est aujourd'hui immensément reconnue à la fois en France et à l'international.

> *L'humanité s'installe dans la monoculture ;*
> *elle s'apprête à produire la civilisation en masse,*
> *comme la betterave.*

Claude Lévi-Strauss, *Tristes tropiques*, 1955

C'est comme une île.
Une île au milieu d'un océan de haine et de cupidité.
Une île au milieu du désastre.
Les anciens disent qu'avant, leur territoire ne connaissait pas de limites. Qu'il était aussi vaste que l'univers, aussi profond que l'océan. Les anciens disent qu'aujourd'hui, il se réduit comme une flaque d'eau au soleil. Que leur île se meurt, comme leur peuple ou leurs traditions.

Il y a quelque temps encore, Erisvan ne se posait pas beaucoup de questions.

Il vivait, c'est tout.

Il jouait, comme tous les garçons de son âge, à grimper aux arbres ou à faire semblant de se battre.

Il allait à l'école du village, se baignait dans la rivière. Il riait, inconscient de la menace.

Il vivait, c'est tout.

Entouré de sa famille et de tous les membres de son clan, de sa tribu.

Mais depuis plusieurs semaines, Erisvan se demande combien de temps encore il pourra vivre cette vie. Combien de temps encore il pourra se baigner dans la rivière. Il se demande si bientôt il restera un arbre sur lequel tester son courage. Si bientôt il ne devra pas se battre.

Se battre pour de vrai.

Erisvan a changé depuis qu'il a vu au-delà de son île. Bien sûr, il savait certaines choses. Mais tant qu'on n'a pas vu...

Au début de la saison sèche, et pour la première fois de sa vie, il a quitté son sanctuaire, la réserve d'Araribóia, dans l'État du Maranhão. Paulo, son père, l'a emmené jusqu'à Imperatriz, une grande ville située au sud.

— Il est temps que tu voies le monde, a décrété l'adulte. Que tu voies le monde tel qu'il est.

À bord du vieux pick-up de Laercio, le cousin de Paulo, ils ont emprunté des pistes cahoteuses, trouées irrégulières au milieu de la jungle. Erisvan était à la fois anxieux et excité. Très fier de voyager aux côtés de son père.

— Pourquoi on va à Imperatriz ?

— Je dois me connecter à Internet pour envoyer des photos qui sont sur mon téléphone.

— À qui ?

— À une organisation qui nous aide. Comme ça, le monde entier pourra les voir ! Le monde pourra voir ce que font les Gardiens. Il faut que les gens sachent.

— Pourquoi ?

— Parce que, seuls, nous n'y arriverons pas, a soupiré Paulo.

— On n'arrivera pas à quoi ? s'est inquiété le jeune garçon.

— Tu verras. Parce que, toi aussi, il faut que tu saches. Tu as l'âge, maintenant.

Enfin, ils ont atteint la lisière de la forêt. Au-delà, pour Erisvan, c'était l'inconnu.

Ils ont traversé des paysages étranges, hérissés d'arbres calcinés, comme des squelettes menaçants. Encore fumants. Des hectares ravagés par les flammes. Sur les larges routes de terre rouge, ils ont croisé ou dépassé des camions par dizaines qui soulevaient la poussière en gros nuages de sang. Dans certains d'entre eux, Erisvan a aperçu des animaux entassés, au regard implorant.

— Où vont-ils ?

— À la mort, a répondu son père.

Après la zone brûlée, la route était cernée d'immenses champs, à perte de vue. Paulo lui a confié que les colons y cultivaient du soja, une plante servant à nourrir le bétail et qui s'exporte dans le monde entier. Erisvan ignorait ce qu'était le *bétail* jusqu'à ce que son père lui explique qu'il s'agissait d'animaux élevés par les hommes pour les manger. Et peu après, le jeune garçon les a vues. Ces centaines de vaches blanches et maigres qui lui ont fait de la peine. Qui lui ont fait pitié.

— Mais qui mange autant de vaches ? a-t-il demandé. Et quel goût ça a ? Ils viennent jusqu'ici avec des fusils pour les tuer ?

Alors, Paulo lui a tout révélé : les abattoirs où l'on égorge à la chaîne, la viande congelée expédiée aux quatre coins de la planète, les fast-foods, les supermarchés...

Au fil des mots et des kilomètres, la peine d'Erisvan a grossi, allant jusqu'à lui serrer le cœur.

Sentiment inédit.

Raconté par Paulo, le monde était devenu laid, tout d'un coup. Triste et laid.

C'est pour des vaches et du soja qu'ils brûlent leur forêt, jusqu'aux frontières de leur réserve.

Avant ce voyage, Erisvan connaissait le problème des bûcherons illégaux qui violent leur sanctuaire pour venir abattre les arbres. Il savait aussi que la forêt se consumait au loin. Il savait que le nouveau président du Brésil, un certain Bolsonaro, avait décrété que les territoires protégés des Indiens devaient être exploités, leurs richesses appréhendées.

Qu'ils n'étaient rien. Rien que des primitifs, des sauvages.

Mais depuis cet aller-retour vers Imperatriz, le jeune garçon est au courant de tout ce que les hommes infligent à son pays, à sa forêt. Et il comprend bien mieux l'importance du travail des Gardiens.

Paulo en est un. Il est même l'un des leaders du groupe qui compte plus d'une centaine d'hommes. Les Gardiens de la forêt se relaient pour des patrouilles dans toute la réserve, de nuit comme de jour. Certains sont équipés de vieux fusils rouillés, d'autres d'armes plus sommaires encore. Lorsqu'ils surprennent des bûcherons, ils s'en saisissent, les attachent à un arbre en attendant que la police vienne les chercher. Avant de les abandonner, ils mettent le feu à leur campement et à tout leur matériel.

Pour Erisvan, Paulo est plus qu'un père : c'est un héros, presque un dieu.

Ici, on le surnomme Lobo.

Le loup.

Erisvan s'est approché de la Maloca. Il espionne ce qui se dit à l'intérieur de la maison communautaire, l'épicentre du village. Aujourd'hui, ils reçoivent la visite de Sõnia, une femme importante du peuple Guajajara. Une femme qui se bat pour le respect de leurs droits, qui voyage à travers le monde pour porter leur voix.

Erisvan entend parler de menaces de mort, de tueurs à gages payés par la mafia du bois. Certains disent qu'il faut arrêter la lutte ou changer la façon de la mener. D'autres ne sont pas d'accord. Chacun promet de réfléchir.

Quand les adultes sortent, Erisvan considère Sõnia avec admiration. Elle devise un moment avec Paulo puis quitte le village. Alors, le jeune garçon se dirige vers son père.

— Je veux être Gardien, comme toi.

Tout en marchant, Paulo lui répond :

— Tu es trop jeune.

— Non ! Je peux tenir un fusil.

— Tu es trop jeune, c'est tout. Et trop petit.

Vexé, Erisvan fait la moue.

— Tu m'as dit que j'avais l'âge de savoir toutes ces choses.

L'âge de savoir mais pas encore celui de combattre ; Erisvan ne comprend pas. Son père le dévisage avec un sourire un peu triste.

Trop jeune pour mourir, mon garçon.

— Bientôt, si tu le souhaites, tu pourras nous rejoindre, ajoute-t-il.

— C'est quand, *bientôt* ?

— Quand tu seras un homme.

Fin de la discussion, Erisvan se tait tout en continuant à suivre son père. Il est grand, il est fort et il a un beau visage. Quand il sourit ou quand il rit, ses yeux sont doux. Mais la colère peut les durcir jusqu'à les rendre terrifiants.

— Ils ont tué un Awá, dit soudain Paulo de sa voix posée. Un petit garçon, plus jeune que toi. On l'a retrouvé, brûlé vif.

— Et ses parents ?

— Ils se sont enfuis, je suppose.

Les Awá, Erisvan ne les a jamais vus. Il faut dire qu'ils sont de moins en moins nombreux. D'après ce qu'il sait, ce sont des nomades, chasseurs et cueilleurs, et les anciens racontent qu'ils recueillent des animaux sauvages qui deviennent des membres à part entière de leur famille. Ils vivent sur le même territoire que les Guajajara mais n'ont, pour certains, jamais été *contactés*. Erisvan sait que c'est aussi pour protéger les derniers Awá que les Gardiens mènent cette lutte.

Pour ce petit garçon brûlé vif, il est déjà trop tard.

— Les Awá risquent de disparaître, reprend Paulo. La saison sèche commence, les trafiquants de bois sont revenus.

— Pourquoi ils font ça ? Pourquoi ils les tuent ?

— Ils veulent notre territoire, résume Paulo. Ils veulent notre bois, notre espace, l'or et tous les minerais qu'il y a dans notre terre. Alors, nous devons nous battre. Protéger les Awá, les arbres, les animaux, les oiseaux. Sinon, nous devrons partir.

— Partir ? répète son fils d'une voix blanche. Et on ira où ?

— Dans une ville, comme celle que je t'ai montrée.

Erisvan fait une nouvelle fois la moue. Il n'a pas la moindre envie d'aller vivre à Imperatriz. Il a cru étouffer, là-bas. Pourtant, il n'y est resté qu'une journée. Alors toute une vie...

Assis au bord de la rivière, Erisvan réfléchit. Dans son esprit, tout est aussi trouble que l'eau qui coule devant lui. Une menace diffuse et silencieuse forme des cercles concentriques autour de lui. Il a soudain du mal à respirer.

Non, les Guajajara ne peuvent pas vivre comme ça ! Dans ces blocs de béton, hauts comme des arbres, si loin du ciel et de la terre.

Paulo, Laercio et les autres Gardiens empêcheront le malheur d'arriver. Et puis il y a Sõnia qui parle de leur combat partout dans le monde. Mais qui pourrait bien les aider ? Qui pourrait bien s'intéresser à eux ?

Il regarde les enfants qui se baignent et pense à ce petit Awá brûlé vif dans la forêt.

Connaîtront-ils le même sort ?

Des histoires d'indigènes assassinés, Erisvan en a entendu beaucoup, ces dernières années.

Certains Gardiens ont péri, ainsi que beaucoup d'autochtones.

Il secoue la tête, comme pour chasser ces funestes pensées.

— Nous, les êtres vrais[1], nous resterons chez nous, murmure-t-il. Ici, chez nous.

Paulo se regarde dans le rétroviseur du vieux pick-up de Laercio. Il a enduit le bout de son index de pigments noirs et trace lentement des traits verticaux sur son visage. D'après les anciens, ces peintures ont une vertu protectrice.

Se protéger, avant de partir au combat.

Le jeune homme s'aperçoit qu'Erisvan l'observe, assis non loin de là.

— Je veux partir avec toi !

— Je t'ai dit non. Et je t'ai dit pourquoi.

— Je suis fort, moi aussi. Et je veux défendre la forêt !

— Un jour, tu seras auprès de moi, le rassure Paulo. Mais ce jour n'est pas encore arrivé.

Vaincu, Erisvan s'éloigne.

— Ne sois pas si pressé, murmure Paulo.

Un vieux du village approche, un agouti sur les épaules. Il revient de la chasse avec une proie de choix. Les deux hommes se saluent, et l'ancien lui dit :

— Il y a de moins en moins d'animaux. Aujourd'hui, j'ai eu de la chance.

— À mon tour d'aller à la chasse, répond Paulo. Et mon gibier, il ne manque pas.

---

1. *Guajajara* signifie : « Nous sommes les êtres vrais ».

Tandis que son père partait en patrouille avec Laercio et les autres Gardiens, Erisvan a aidé sa mère à la cueillette. Mangues, noix d'anacardier, mais aussi miel ou champignons : la forêt leur donne tout. Elle les nourrit et les soigne.

Ses parents cultivent un petit lopin de terre où poussent du manioc et des camotes. Erisvan adore ça, les camotes ! C'est sucré, c'est délicieux. Souvent, le jeune garçon accompagne son père à la chasse. Pour le moment, il ne fait qu'observer, s'initier. Parfois, ils rapportent un agouti, un capybara ou un singe. Parfois, ils ne rapportent rien.

Paulo lui répète sans cesse que les animaux, comme les hommes, ont une âme. Et qu'il faut les respecter. Ne jamais tuer plus qu'on ne pourra manger.

Il lui apprend les plantes, les arbres, les insectes. Et les Esprits de la forêt, qu'ils soient bien ou malveillants. Erisvan a un faible pour le Curupira, cet être étrange, aussi rapide que l'éclair et qui protège la faune et la flore ; son père lui a dit une fois : *Il tolère les chasseurs qui tuent pour se nourrir. Mais gare à ceux qui tuent pour le plaisir !*

Depuis, Erisvan rêve de l'apercevoir, et même de lui parler. Il pourrait alors lui demander d'aider son père à lutter contre les trafiquants de bois, lui qui est capable d'étourdir quelqu'un rien qu'avec sa voix...

Un homme à genoux.

Il fait face à un arbre, les mains attachées dans le dos.

Paulo pose le canon de son fusil sur la nuque du bûcheron. Il s'adresse à lui dans un portugais presque parfait :

— Je t'avais dit de ne jamais revenir ici. Je t'avais dit de laisser notre forêt tranquille.

— Ne me tue pas ! supplie le pénitent. Ne me tue pas !

Paulo a le doigt sur la détente, le visage contracté.

— C'est toi qui as tué le petit Awá ?

— Non ! Non, c'est pas mes gars, je te jure ! Je sais pas qui a fait ça ! Nous, on n'a tué personne... Nous, on n'a rien fait !

Paulo tourne la tête vers la remorque où s'entassent les troncs d'arbres centenaires. Des bois précieux, des essences de plus en plus rares telles que l'ipé. Il paraît qu'en Europe ou aux États-Unis, on transforme cet arbre majestueux en parquet, en lames de terrasse ou encore en tables de jardin.

Ils sont en train de mutiler sa forêt et tous les êtres vivants qui s'y trouvent pour du parquet et des tables de jardin.

— Si tu reviens, je te tuerai.

L'homme baisse la tête sous la pression de l'arme.

— T'as compris ?

— Oui ! Ne tire pas !

Le canon s'éloigne de sa nuque. Paulo retourne le fusil et assène un violent coup de crosse entre les omoplates de sa victime avant de l'abandonner au crépuscule et à la peur.

Tandis que les bûcherons restent à genoux, il jette leur matériel dans la benne d'un des camions et asperge le tout avec le contenu d'un jerrican d'essence. Pendant que Laercio filme la scène, Paulo embrase le véhicule. Il brûlera tout : le campement, les camions, les tronçonneuses, les téléphones, les effets personnels…

Et les grumes de bois précieux.

Erisvan ne se lasse pas de regarder les images qui défilent sur le téléphone de Laercio. Un petit film de quelques minutes qu'il a déjà visionné trois fois. Oui, son père est un héros. Et quand il sera un homme, Erisvan en deviendra un à son tour.

Un Gardien de la forêt.

Le 1er novembre 2019, Paulo Paulino Guajajara a été tué d'une balle en pleine tête après être tombé dans une embuscade tendue par des bûcherons illégaux.
Il avait vingt-six ans, était marié et père d'un petit garçon. Peu avant sa mort, il confiait : « J'ai peur, parfois. Mais nous devons garder la tête haute et agir. »
À ce jour, personne n'a été interpellé pour cet assassinat.

En 1998, bien avant d'être élu président du Brésil, Jair Bolsonaro avait déclaré à la presse : « Quel dommage que la cavalerie brésilienne ne se soit pas montrée aussi efficace que les Américains. Eux, ils ont exterminé leurs Indiens. »

Merci à l'organisation Survival International qui œuvre auprès des peuples autochtones à travers le monde, pour l'aide précieuse qu'elle m'a apportée dans la préparation de l'écriture de cette nouvelle.
https://www.survivalinternational.fr

Raphaëlle GIORDANO

La planète et moi
et moi et moi...

Écrivaine, Raphaëlle est une créative accomplie. Les mots, les images, les concepts sont son terrain de jeu. Diplômée de l'École supérieure Estienne en Arts appliqués, elle est d'abord conceptrice-rédactrice en agences de communication à Paris, avant de monter sa propre structure dans l'événementiel artistique et le coaching créatif. Quant à la psychologie, tombée dedans quand elle était petite, formée et certifiée à de nombreux outils, elle en a fait son autre grande passion. Elle a fait une entrée fracassante en littérature avec son premier roman, *Ta deuxième vie commence quand tu comprends que tu n'en as qu'une* (Eyrolles, 2015), best-seller international. En octobre 2022, elle a publié *Le Spleen du pop-corn qui voulait exploser de joie* aux Éditions Plon.

Je me rends à la bibliothèque deux fois par semaine. Tous les mercredis après-midi et les samedis matin, en compagnie de mes trois enfants. Noémie, cinq ans. Gabriel, sept ans. Et Jade, dix ans. À eux trois, une vraie fabrique à décibels. « Comme ils sont vivants ! » disent les gentilles personnes bien attentionnées qui ne les côtoient guère que quelques minutes. J'adore mes enfants mais, pour le salut de mes tympans et de mon système nerveux central, j'ai dû trouver un espace de trêve. Voilà comment la bibliothèque municipale est devenue mon îlot de quiétude, mon luxe bihebdomadaire, car sur ma petite planète, l'espèce en voie de disparition, ce sont les moments de calme.

Chaque fois que nous pénétrons dans ce vénéré lieu, je ressens une intense jubilation intérieure à la lecture du panneau : SILENCE EXIGÉ. La sensation s'apparente ni plus ni moins à une séance de spa pour terminaisons nerveuses. Comble de chance, nous sommes tous contents de cette sortie, puisque, d'une façon inespérée, chacun d'entre nous y trouve son compte. Noémie adore les livres d'images et peut les feuilleter à l'infini. Gabriel se passionne pour les mangas et en profite pour échanger avec d'autres aficionados. Et Jade découvre tout juste les joies de la lecture interactive à travers des enquêtes policières dont vous êtes le héros. Moi, je suis simplement heureuse de me poser dans un grand fauteuil et d'attraper un des magazines mis à portée de main. Je profite alors de ce laps de temps pour moi, dans une vie où, au final, je m'appartiens peu. C'est ainsi que je suis tombée sur cet article qui titrait : « La planète et moi ». Je l'ai parcouru en diagonale, ne m'arrêtant pour ainsi dire que sur les encarts et phrases en exergue. Ça parlait de fonte des glaces, de réchauffement climatique, d'ours polaires... Je trouve ça très beau, les ours polaires. Je me suis toujours demandé ce que ça ferait de plonger ma main dans leur pelage blanc, comme avec une grosse peluche. *Voilà bien une idée saugrenue de fille des villes sans aucune conscience de la réalité de la vie sauvage*, me dis-je. À ma décharge, j'ai grandi entourée de bitume et d'immeubles à perte de vue. Alors, la seule glace que je vois fondre, c'est celle dans mon verre de Pulco ou de pastis, l'été. Je suis tellement loin de la nature que je ne saurais même pas planter trois brins d'herbes aromatiques dans un petit potager de balcon. D'ailleurs, à quel point me sens-je concernée par la planète ? J'ai levé les yeux du magazine pour réfléchir un instant à cette question. Le sujet devient brûlant dans les médias. On veut nous sensibiliser, nous alerter. Nous, la masse, le grand public. Je comprends vaguement les enjeux, mais tout ça est si éloigné de mes préoccupations premières. Je ne suis pas pour autant mauvaise élève : je trie mes déchets. Si si. Je prends soin de descendre la poubelle du recyclable au bon endroit. Poubelle jaune *versus* poubelle noire. La poubelle jaune est de plus en plus grosse. Entre 100 et 200 litres par semaine de cartonnage, emballages, plastique, bouteilles, boîtes de conserve, pots de yaourt, canettes, papier, magazines... La baleine jaune avale presque tout dans son ventre. Plus on vise une politique zéro déchet, plus on s'en éloigne. Les enseignes de grande distribution adorent suremballer. Une vraie plaisir au moment de ranger ses courses ! J'appelle ça le jeu du jette-carton ! J'ai demandé à mes enfants de venir participer mais, bizarrement, ils n'ont pas trouvé ça très amusant... Malgré tout, je ne me plains pas. Déjà, je m'offre le luxe de la livraison. Oui, autre confession, je me fais livrer mes courses. Je ne sais pas si c'est écologique ou pas. Ça m'évite juste un lumbago, surtout pour ce qui est de porter les packs de boissons. Allez dire aux gosses qu'ils doivent se contenter de l'eau du robinet ! Je n'ai aucune envie de succomber sous les tirs des cris stridents de leur protestation. Ils les veulent, leurs bouteilles de soda, de jus de fruits, de tout ce que vous voulez pourvu qu'il y ait un maximum de sucre dedans ! Alors voilà. Tant pis. En matière d'écologie, j'ai la mention passable, peut mieux faire. Le jury note tout de même quelques efforts : je fais plus attention qu'avant à éteindre les lumières. Il m'arrive d'attendre que le lave-vaisselle soit plein pour le faire tourner. Parfois, je donne une deuxième vie aux vêtements des enfants. Mais honnêtement, cela s'arrête là. Car avant de penser à la planète avec un grand P, j'essaie de m'en sortir avec la mienne, de petite planète. Elle n'est pas bien grande. Elle ne dépasse guère les 10 kilomètres de périmètre. Le gros de mon existence se passe au sein de mon quartier. J'en connais les rues, les commerçants. Rien que du familier. Dans ma planète à moi, il n'y a pas non plus beaucoup de personnages. J'ai mon mari, mes enfants. Mes parents à quelques stations de métro. Un couple d'amis que j'aime voir de temps en temps dans le même pâté de maisons. Et une bonne copine que je connais depuis l'école. Autant dire que ma vision de la planète est assez réduite. Je n'ai jamais eu l'occasion de voyager. Jeune, je n'avais pas l'argent. Aujourd'hui, je n'ai pas le temps. Au final, je ne connais que mon univers urbain occidental de classe moyenne, ni pauvre ni bourgeois. Un périmètre restreint mais rassurant. Ça ne me dit trop rien, de franchir les frontières de ma zone de confort. Cependant, en reposant le magazine, j'ai ressenti une pointe de culpabilité de ne pas pouvoir faire davantage pour la Terre. Pourtant, ce sentiment de culpabilité est supplanté par l'impression irritante de mon impuissance à changer les choses. À ma petite échelle, dans ma toute-toute-petite-planète, quel est mon pouvoir d'action ? Je ne peux qu'attendre et m'en remettre aux décisions de nos monarques modernes, politiques et grands décideurs. Certes, j'ai la possibilité de m'exprimer par le vote. Malgré tout, passé cette consultation momentanée, je suis de nouveau très vite désimpliquée. Difficile de s'intéresser de près à quelque chose dont vous vous sentez si loin. En matière d'écologie, j'ai cinq ans. J'attends comme une enfant qu'on me dise ce que je dois faire.

Et *basta*. J'ai d'autres chats à fouetter et mes manches à relever pour m'occuper de mon p'tit monde qui prend toute la place dans mes priorités. Les gosses à élever, ce n'est pas une mince affaire. On fait des enfants en s'imaginant que tout va aller comme sur des roulettes. On imagine des bébés roses en jolies layettes, puis des bambins charmants et obéissants. Des chouchous des maîtres. Jamais malades parce qu'ils auraient hérité de notre santé de fer. Jamais en rébellion parce qu'on aurait su très tôt instaurer un dialogue et une complicité sans faille. Sauf que ça, c'est la planète Disney. Sur ma planète avec un petit p, j'ai des problèmes comme des petits cailloux dans la chaussure. Ils ne font pas mal tout de suite. Ils font mal au bout d'un certain nombre de kilomètres. J'ai le caillou de mon aîné dyslexique, le caillou de l'hyperactivité de ma cadette et, pour finir, le caillou de mon garçon qui aime la danse classique. Il déteste le foot, au grand dam de mon mari, qui a toujours rêvé de pouvoir partager cette passion avec un fils. Au fil des ans, notre relation de couple s'est peu à peu dégradée sans que nous en fassions grand cas. Absorbés par notre routine, nous ne prenons pas le temps de nous arrêter là-dessus. L'usure fait partie du tableau. On l'accueille à table, dans notre lit, dans nos week-ends sans joie où chacun vaque à ses occupations. Ensemble mais seuls. Alors, bizarrement, cet article sur la planète avec un grand P m'a plus fait penser à mon écologie personnelle qu'aux énergies vertes. Non pas que je me foute du dérèglement climatique, mais je suis beaucoup plus préoccupée par le dérèglement de ma propre existence. Simple question de priorité.

Comment expliquer que je cherche le réconfort là où je peux ? Alors, oui, à ma pause déjeuner, je mange plus volontiers un steak-frites qu'un plat vegan. Bien sûr, que j'ai entendu parler de cette histoire hallucinante de pets de vache qui émettent des gaz à effet de serre catastrophiques pour le réchauffement climatique ! En plus, il paraît que c'est vraiment gentil et intelligent, une vache. C'est peut-être pour ça qu'on dit qu'on mange du bœuf ? Pour nous ôter un brin de culpabilité ? La notion de bœuf est plus abstraite, on l'imagine moins bien. Ce n'est pas lui qu'on croise sur l'autoroute des vacances... Alors que les vaches, à force, elles sont devenues des copines de paysage... En attendant, je deviendrais volontiers vegan le jour où le tofu et les saucisses de seitan auront le même goût qu'un bon poulet rôti. Et après avoir vu mes enfants recracher dix-sept fois leur yaourt au lait végétal, j'ai craqué et suis vite revenue au Yop et autres Danette. L'autre jour, je cavalais à travers les rues pour aller chercher mes petits à l'école quand je me suis fait cette réflexion. Je regardais le ciel, bas, lourd et gris. Un ciel parisien. Je pensais aux habitants de la planète et je me disais qu'on avait tous au-dessus de nos têtes le même ciel. Malgré tout, je préférerais avoir plus souvent celui de Rio. La planète, ce sont des continents, de l'eau, des gens, une grosse boule géante qui pourtant, ramenée à l'immensité du cosmos, est aussi ridiculement petite qu'un chas d'aiguille. Dans cette mise en abyme, que suis-je, sinon une microscopique fourmi, une fraction d'atome, une poussière ? Quel est le sens de tout ça ? ne puis-je m'empêcher de me demander.

D'ailleurs, l'article ne manque pas d'interroger la responsabilité des parents : pourquoi avoir mis des enfants au monde ? Quelle Terre allons-nous leur léguer ? J'aimerais pouvoir en être là, aborder les grandes questions existentielles, mais je dois déjà songer à aller au bout de mes tâches du jour, finir mon travail, préparer le dîner, tenir les comptes pour voir comment boucler la fin de mois sans priver les gosses de leurs petits plaisirs et loisirs. Je ne connais rien au monde. Je ne le dirai pas tout fort mais, par moments, le reste de la planète est le cadet de mes soucis. Déjà que je ne connais pas mes voisins... Suis-je totalement égocentrique ? Peut-être... Comment m'intéresser à ce qui se joue à l'autre bout de la planète quand j'arrive à peine à m'occuper de ma vie ? Certes, elle n'est pas si mal. Je n'ai pas de raison de me plaindre. Surtout quand on compare avec ce qu'il se passe ailleurs. Alors pourquoi je me sens parfois si seule ? Je devrais même avoir honte de parler ainsi ! J'ai une famille, des enfants, une situation... Est-ce que je pense aux pauvres gens dans les pays en guerre, dans les pays du tiers-monde, les pays secs, les pays à tornades, les pays à tsunamis, les pays à peine de mort ?...

Je m'appelle Constance. J'ai trente-neuf ans. Je suis de race caucasienne. Autrement dit, blanche. J'habite un quartier sans histoires. Je ne suis pas vraiment consciente d'être à l'étroit à l'intérieur de ce microcosme dans lequel je me suis enfermée. Il m'arrive d'être perturbée par les émotions négatives qui m'assaillent : cette lassitude que je ressens parfois vis-à-vis de mes enfants qui me pompent mon énergie, l'ennui dans ma relation de couple sans surprises et dans mon travail que je connais par cœur. Pour remédier à tout ça, il faudrait un gros changement. Je ne crois pas à la demi-mesure. Mais il me semble que ce serait tellement d'efforts et de travail pour bouger les choses que je préfère continuer à porter mes œillères, quitte à me mentir à moi-même. Lancer un cataclysme, une « tornade à nom de femme » sur ma vie, non merci.

Résignée, ni triste ni gaie, puisque presque étrangère à moi-même, j'aligne les jours comme on aligne les dominos, sans grande passion, sans vraiment chercher à gagner quoi que ce soit, juste pour passer le temps gentiment. Et puis arrive ce mercredi de bibliothèque.

Quand l'incroyable se camoufle derrière l'ordinaire et vient toquer à votre vie, il vous cueille sans que vous ayez rien vu venir. Cet inattendu ressemble à une chance. À une bouée venue d'en haut.

Je laisse les enfants à leur rayonnage préféré et me dirige vers le petit salon des magazines lorsqu'un stand inhabituel retient mon attention. Sur la banderole, on peut lire : BIBLIOTHÈQUE HUMAINE. Interloquée, je m'approche. Un libraire, tout sourires, trépigne de me parler de ce concept original. Je ne me fais pas prier car j'ai hâte d'en savoir plus. Non sans cacher son enthousiasme, il m'explique qu'il est possible de louer des *livres de chair et d'os*. Je ne comprends pas bien de quoi il veut parler, mais l'idée porte déjà en elle quelque chose de fascinant. Je redouble d'attention et apprends qu'ici même, en rayons, des hommes-livres et des femmes-livres se tiennent à disposition du public, prêts à être « empruntés » pour raconter leur histoire et parcours de vie où ils ont dû faire face à des préjugés de toutes sortes. Il me tend fièrement le catalogue humain et je découvre les titres.

— Ne vous fiez jamais à la couverture ! me lance-t-il avec un clin d'œil entendu.

Je souris et me demande : *Que penserait-on de moi si on ne regardait que ma couverture extérieure ?* Je balaie la réflexion et me remets à consulter les titres. Chacun d'eux m'interpelle. Je suis chahutée par ce concept troublant qui en même temps me captive. Lequel vais-je choisir ? Quelques titres ressortent : *Un directeur de banque tatoué et percé... Une libertine pas chaude lapine, Un SDF surdiplômé, Un thanatopracteur très gai luron, Une mamie championne de salsa acrobatique, Un Noir de cités cité en exemple...*

J'aperçois les livres humains qui patientent en rayon et cela me fait un drôle d'effet. Une émotion particulière m'étreint sans que je puisse vraiment l'identifier. Je regarde tour à tour ces personnages. Peut-on lire en eux comme dans un livre ouvert ? Non, je n'arrive pas à déchiffrer quoi que ce soit juste à la couverture de leur visage. Je comprends que, pour en savoir plus, il va me falloir oser sauter le pas et « emprunter ces personnes ». L'idée d'un face-à-face fait battre mon cœur plus vite. J'ai peur de cette confrontation directe et en même temps elle m'attire. Cela fait longtemps que je n'ai pas été bousculée, que je n'ai pas eu de sensations fortes qui me tirent hors de ma zone de confort. Timidement, je reviens vers le bibliothécaire et lui demande finalement de *lire* le petit-fils d'un indigène d'Amazonie. Je crois que j'ai choisi l'univers le plus éloigné de ma planète. Un grand écart culturel et intellectuel. Le bibliothécaire m'accompagne jusqu'au jeune homme. Nous nous saluons d'un signe de tête réservé puis nous dirigeons vers une table prévue à cet usage. Une autre dame se joint à nous et je suis soulagée de sa présence. Elle aussi veut écouter ce livre-humain. Adriel explique la vie de son grand-père né dans une tribu de Raposa Serra do Sol, tout comme son père qui a choisi de quitter le pays pour s'installer en France, sans pour autant se couper de ses racines. Le jeune homme raconte ensuite le choc de son voyage initiatique quand son père l'a emmené à la rencontre de cette famille amazonienne. Leur incroyable interaction avec la nature, l'intelligence de cette relation avec leur milieu et le respect pour les ressources qui les entourent. Ils connaissent des centaines de variétés de plantes grâce auxquelles ils se nourrissent, se soignent et se protègent.

— Quand ils partent en excursion, parfois pour plusieurs jours ou semaines, ils emportent toujours des graines qu'ils sèment le long du chemin. Grâce à cela, au retour, ils sont sûrs de trouver quelque chose à manger car tout pousse très vite, dans la forêt tropicale, narre le garçon avec une déférence touchante. Ils ne consomment jamais plus que ce dont ils ont besoin.

Je songe alors à la façon dont nos pays prétendument si développés gaspillent les ressources de la Terre, l'inconscience de nos agissements destructeurs... Adriel nous cite Philippe Descola, un anthropologue inconnu à mon bataillon. D'après lui, les Amérindiens voient les populations animales et végétales comme un ensemble social avec qui ils cohabitent en harmonie dans la forêt. Le jeune homme s'anime, plein de feu et de ferveur, pour nous conter des bribes de secrets de cet incroyable mode de vie si éloigné du nôtre. Nous posons quelques questions, et déjà il est temps de raccompagner notre narrateur dans les rayonnages. Lorsque je récupère mes enfants, j'entends à peine leur babillage excité tant je suis encore remuée par l'expérience. J'ai eu la sensation d'être transposée dans un autre univers. De voyager sur une autre planète. Ce choc des mondes provoque en moi des remous inconnus. Je continue néanmoins le fil de ma journée. Je cède aux enfants qui veulent aller déjeuner au McDo et, au moment de croquer dans mon burger, l'image d'une vache apparaît. Sur sa clochette, je lis le nom de Daisy. Soudain l'appétit me quitte. Le soir, mon mari me demande si j'ai passé une bonne journée. C'est une question automatique. Attend-il vraiment une réponse ? Je suis sur le point de lui parler de la bibliothèque humaine puis je m'abstiens. Il vient d'allumer la télé. Et puis, je ne suis pas sûre qu'il comprendrait mon emballement soudain pour cette drôle d'initiative de quartier à la bibliothèque municipale. J'attends avec impatience le samedi suivant. Je presse les enfants, les dépose rapidement à leur rayonnage respectif et je file à la bibliothèque humaine. Le bibliothécaire me reconnaît tout de suite. J'aime son ton chaleureux et complice. J'aime faire partie du cercle. Il me tend le catalogue des livres humains. Les ouvrages disponibles sont indiqués par une pastille verte. Ils tournent et se répartissent le temps de présence. Après avoir longuement hésité, je me décide à emprunter *La Personne non binaire mais pas primaire*. À vrai dire, je n'ai vraiment aucune idée de ce que cela peut bien vouloir dire. Mais ma curiosité, elle, trépigne de se nourrir d'inédit, surtout après un si long sommeil. Le bibliothécaire m'accompagne auprès d'une grande adolescente au look androgyne. Elle porte une large chemise et un pantalon ample qui cachent tout attribut féminin. Pourtant, ses yeux sont mis en valeur par un maquillage sophistiqué : jeu d'ombres à paupières, eye-liner noir, mascara volumateur de cils. Je l'ai suivie jusqu'à une table, assez mal à l'aise, les yeux rivés sur ses boots compensées noires que j'aurais plutôt vues portées par un militaire que par une jeune fille. Je commence par faire une gaffe lorsque je lui demande, pour briser la glace, si elle est heureuse de participer à cette opération. Elle me corrige d'emblée : iel est heureux. Je dois masculiniser mes adjectifs et utiliser le pronom iel, composé de « il » et de « elle ». Iel se revendique d'un genre indéfini, « non binaire ». J'ai le cerveau qui chauffe mais essaie de ne rien laisser paraître. Je tiens à aller au bout de l'expérience, je tente de m'ouvrir pour mieux comprendre ce qui est tellement éloigné de moi. Delphine nous explique qu'elle est devenue Elfi car elle ne supportait plus ce prénom genré au féminin. À l'intérieur d'elle-même, elle ne se sent pas plus homme que femme. Cette idée d'appartenir à une case la révolte. Vers la fin, je tente de lui poser la question qui me taraude. Sort-iel avec des hommes ou avec des femmes ? Peut-on dire qu'iel est gay ? Là aussi, iel s'insurge contre cette stigmatisation et m'explique tomber amoureux avant tout d'un être humain et non d'une fille ou d'un garçon. Quand je referme le livre, je ne la regarde plus de la même manière. Et je me rends compte que, au-delà de ce qu'elle a raconté sur son choix d'être non genrée, j'ai apprécié sa personnalité pétillante, son discours ponctué de traits d'humour et l'incroyable vitalité qui se dégageait d'elle. Porter son attention, non sur les apparences, non sur les appartenances, mais sur l'essence de la personne, voilà qui ouvre de nouvelles perspectives… La fois suivante, j'ai emprunté le titre *Femme, afghane, et dévoilée*. Missy a réussi, au péril de sa vie, à quitter l'Afghanistan au moment de la reprise du pouvoir par les talibans en août 2021. Réfugiée politique, aidée par des associations, elle a enfin pu reprendre ses études de droit international à Paris.

— Là-bas, j'avais commencé à militer pour les droits des femmes et des filles. J'ai même manifesté en tenant tête à des milices talibanes armées de kalachnikovs ! Mais très vite, ce type d'activités est devenu beaucoup trop risqué. Je n'avais plus qu'une seule idée en tête : rester en vie ! Grâce à mes contacts dans le milieu des ONG, j'ai pu être exfiltrée. Pourtant, mon cœur est resté là-bas, avec toutes celles qui sont condamnées à être prisonnières de ce régime rigoriste rétrograde.

Une femme extraordinaire, d'humilité, de courage et d'intelligence se dévoile sous mes yeux. Comme je m'en veux, de ma méconnaissance et des amalgames présents dans ma tête depuis tant d'années ! Afghanistan, talibans, femmes voilées, tout cela appartenait dans mon esprit à un seul et même sujet lointain et inquiétant dont je préférais ne pas trop entendre parler. Je suis soudain violemment rattrapée par l'injustice d'un tel retour en arrière contre l'émancipation et le droit des femmes. La sœur de Missy n'a pas eu sa chance. Elle est restée coincée là-bas, obligée de porter le tchadri, ce voile couvrant totalement le corps et ne laissant qu'un grillage devant les yeux. Je sens les larmes monter. Pas Missy. Elle n'a pas le temps pour les atermoiements. Elle préfère se battre, avec ses armes. Devenir quelqu'un pour avoir la parole et rejoindre ceux qui sont capables de plaider la cause des femmes.

Semaine après semaine, chaque livre humain m'emmène sur une autre planète. Ma conscience prend des claques. Cela remue drôlement à l'intérieur de moi. Mon monde qui, jusque-là, tenait dans un mouchoir de poche s'élargit enfin. Dans mon esprit, des murs sont tombés.

Mon mari s'est montré farouchement hermétique à ma découverte et à cette nouvelle passion qui m'habite désormais. Quand j'ai parlé d'inviter à dîner quelques-uns des mes « livres-humains » à la maison, il s'est braqué d'emblée. Il n'avait aucune envie de fréquenter ces gens. Le fossé entre nous s'est creusé de plus en plus et, bientôt, je me suis sentie chez moi comme une étrangère. J'ai menti à mon mari pour pouvoir organiser mes dîners « interplanétaires » sur des terres plus accueillantes sans avoir à lui en parler. Il a fini par le découvrir et s'est ensuivi une violente dispute. Il n'aimait pas que je traîne avec ces gens « bizarres ». Dans sa colère, il a jeté une phrase qui m'a ulcérée :

— On n'est jamais discriminé totalement par hasard !

Mon sang s'est retiré d'un coup de mon visage. Il a dû sentir qu'il était allé trop loin. Il ne s'est pas excusé pour autant. La fierté mal placée exacerbe la mauvaise foi.

— Je te préviens : si j'apprends que tu continues à les fréquenter, ce sera fini entre nous !

J'ai mis le holà quelque temps, par souci de préserver la sphère familiale. Et puis, j'ai recommencé. Quel contraste entre le climat moribond de ma vie maritale et celui, si vivant et nourrissant, de mon nouveau cercle d'amis ! Je me gorgeais de cette altérité qui m'avait tant manqué... Et puis il y a eu ce mercredi.

Je suis partie à la bibliothèque comme d'habitude. Sauf que, ce jour-là, j'ai demandé à mon mari de venir chercher les enfants à midi afin de me relayer. J'ai pris le temps de bien m'installer. Le bibliothécaire m'a donné une belle pancarte sur laquelle j'ai inscrit mon titre de couverture. Je me suis appliquée. C'était pour moi un instant solennel, à haute valeur symbolique. Nerveuse et excitée à la fois, je me suis *mise en rayon* avec mes autres camarades livres-humains, et j'ai attendu. Quand mon mari est arrivé et m'a vue parmi eux, il s'est décomposé. Il est devenu tout blanc puis tout rouge.

— Nous en reparlerons ! a-t-il simplement lancé comme une menace.

Je suis restée très calme. Ma provocation était calculée. J'avais choisi d'orchestrer le début de la fin de notre histoire de couple. Incompatibilité de planètes. Je n'avais plus peur. J'avais découvert avec bonheur qu'il existait plus de sept milliards d'autres planètes à découvrir ! Autant d'êtres humains, avec une manière bien personnelle de vivre le monde.

Aujourd'hui, je me sens prête à habiter la même planète que mes voisins, aussi différents soient-ils. Si l'on veut se sentir tous de la même famille, ne devrions-nous pas commencer par cesser de nous comporter comme des étrangers les uns avec les autres ?

Je m'appelle toujours Constance. Je suis toujours blanche de peau. Mais mon cœur a repris des couleurs. Sur ma couverture, il est écrit : *Rescapée d'une petite planète*.

Alexandra LAPIERRE

Ma planète à moi

Alexandra Lapierre est l'une des seules romancières françaises à enquêter sur le terrain. Pour redonner vie à ses personnages, elle les suit à la trace sur tous les lieux de leurs incroyables aventures, s'imprégnant des couleurs, des odeurs, et fouillant les bibliothèques du monde entier. Elle a reçu de nombreuses récompenses dont, entre autres, le Grand Prix des lectrices de *ELLE*, le prix *Historia*, ou encore le Grand Prix de l'héroïne *Madame Figaro*. Récemment, elle a publié *Belle Greene*, aux Éditions Flammarion, coup de cœur de l'été 2021 de l'Académie Goncourt et Prix Roland de Jouvenel de l'Académie française, une histoire vraie et flamboyante.

Ma planète à moi, c'est la Vie.

J'adore la vie. Et donc, la vie sur notre Terre. La beauté de la nature, des animaux et, dans une moindre mesure, la beauté de l'humanité soulèvent en moi un tel élan de joie, une telle admiration, un tel enthousiasme que l'idée de les voir disparaître me pétrifie.

Bref (et ce pour vous la faire courte, car il y aurait beaucoup à dire sur mes passions), je redoute de perdre ce que j'adore.

Je tente donc d'alerter mon entourage sur le risque d'une mort programmée. Je veux parler de l'éradication de la vie qui nous guette si nous continuons à détruire notre Terre à ce rythme.

Cette inquiétude sur l'avenir de la Terre m'habite de tout temps. Enfin, quand je dis « de tout temps », j'exagère un peu. Je suis née en 1960. Et ma maladie, comme l'appellent charitablement mes grands frères, a dû me prendre vers les douze ans. Donc en 1972 : une période où nul ne se souciait d'écologie, un mot sinon inconnu, du moins laissant indifférent, en tout cas dans les familles de la petite-bourgeoisie parisienne. Oui, à les entendre, leur gentille petite Lolo (je m'appelle

Laurence) aurait pété les plombs à ce moment-là. Et depuis, je n'aurais jamais dépassé ce stade bête et méchant de la teigne pubère (ou postpubère) qui veut s'imposer en disant *non* à tout, en s'attaquant aux mérites de sa famille, en critiquant les conduites de sa malheureuse mère, déjà surchargée de soucis économiques et de tâches ménagères. À *les* entendre, c'est-à-dire mes parents et mes deux frères aînés, Jean-Marie et Jean-Charles, respectivement âgés de quatorze et seize ans quand mon mal a débuté, il s'agirait de la crise d'adolescence d'une pauvre fille mal dans sa peau qui tente d'exister parmi les grands. *MA* crise, car il n'y en eut pas d'autre, qui me vaut depuis lors, et *ad vitam æternam*, ce surnom vaguement condescendant et nettement ridicule d'« Écololo ».

Il est vrai que c'est à travers ma conscience de la folie des hommes et des dangers que nous faisons courir à la Terre que s'est exprimée ma seule et unique opposition à mon cercle familial. Une révolte qui s'est assez vite transformée en sanglantes batailles autour de la poubelle... Ah, la poubelle verte à pédale, qu'on actionnait sous l'évier ! De combien de pugilats a-t-elle été l'enjeu ! En vérité, je ne supportais pas de voir ma mère y balancer pêle-mêle les boîtes de conserve et les bouteilles en verre. J'allais donc systématiquement les y récupérer pour les aligner une à une au pied de la cuisinière, transformant ainsi la pièce en un dépotoir où s'amoncelaient les ordures. Sans parler des sacs en plastique que j'extirpais des épluchures et autres immondices pour les empiler contre le mur.

Rétrospectivement, je reconnais que c'était assez dégoûtant. Mais qu'y faire ?

— Tu n'es pas une clocharde, Écololo, s'insurgeait mon frère Jean-Marie... Fouiller tout le temps dans les poubelles, c'est quand même dégueu !

— Vous ne vous rendez pas compte combien ces trucs polluent. Il faut les trier pour les détruire de façon scientifique, argumentais-je.

— Pourquoi faire simple, quand on peut faire compliqué ? ricanait Jean-Charles.

— On peut aussi les recycler de façon mathématique, insistais-je.

— Écoutez-la qui dit n'importe quoi ! Tu n'as jamais fait de maths, tu ne sais même pas ce que c'est !

Il est vrai que je disais n'importe quoi. Mais j'avais regardé avec ferveur la retransmission de la conférence de Stockholm, le premier sommet sur l'environnement. Et ce qu'expliquait le porte-parole des Nations unies m'avait bouleversée : si nous ne mettions pas fin à la pollution qui empoisonnait l'air, la terre et l'eau, nous allions immanquablement détruire la planète.

Pour mes quinze ans, je demandai donc comme cadeau d'anniversaire deux poubelles. Ce souhait fit lever les yeux de ma mère au ciel, hausser les épaules de mon père, je ne dirai pas ce qu'il suscita chez mes frères. Quoi qu'il en soit, ce désir de poubelles ne fut pas exaucé. Je cassai donc ma tirelire pour acheter moi-même deux grands bacs où entreposer le verre et le plastique. Les boîtes de conserve ouvertes resteraient, pour le moment, dehors.

— Tu prends définitivement cette maison pour une décharge ? Et en plus, c'est débile, ton histoire. Quand papa descend les poubelles, il les met toutes dans le même container. Je ne parle même pas du camion des éboueurs. Alors tes bacs, tu peux te les mettre où je pense !

Mes bacs firent, en effet, long feu. Ils étaient certes encombrants et disproportionnés pour la pièce (j'avais besoin de beaucoup d'espace pour les bouteilles, car mes parents et leurs amis buvaient sec). Mes récipients – je ne saurais les décrire autrement – occupaient donc toute la cuisine, au point que nul ne pouvait plus atteindre ni les placards ni le four. Et qu'on se cognait dedans à chaque pas : moi-même, je m'étalai sur le bac à verre dès le premier soir.

— Tu es devenue un danger public, avec tes lubies !

Mes frères balancèrent donc mes lubies par la fenêtre. *Exit*, les bacs d'Écololo.

De ce geste radical naquit entre nous une guerre de Sept Ans où les coups de poing, les coups de pied, les morsures et les tirages de cheveux ne furent rien comparé aux autres sévices que nous nous administrâmes autour de ce qu'ils appelaient ma connerie et de ce que j'appelais, moi, la nécessité de préserver la planète. Cette lutte avec Jean-Marie et Jean-Charles reste *le* combat de ma vie.

Avec le temps, ce qui n'avait peut-être été qu'une intuition de très jeune fille se transforma en une curiosité pour toutes les sciences de la Terre : je fis un master de sciences du vivant et me spécialisai dans la transition écologique. J'adhérai au parti des Verts dont je devins un membre actif, maire de mon patelin, et finalement députée pour la circonscription de Bretagne où je me suis installée depuis près d'un quart de siècle.

Films, conférences, campagnes de presse, interviews, congrès... Aujourd'hui, je sillonne l'Europe pour sensibiliser mes contemporains au désastre qui nous pend au nez. Et mes convictions n'ont fait que se renforcer au fil du temps : si nous n'agissons pas très vite, nous allons rendre la Terre inhabitable.

C'est pourquoi, en ce matin d'avril, je me trouvai à Rome où dix-huit ONG, dont celle à laquelle j'appartenais, s'étaient donné rendez-vous pour travailler ensemble sur les conséquences du changement climatique et la façon de protéger le vivant. La rencontre était initiée par un Français, membre éminent de l'Organisation des Nations unies pour l'alimentation et l'agriculture – la FAO, dont le siège se trouve justement à Rome. Ce monsieur avait baptisé notre colloque : « My Planet ». Lui-même s'appelait Jean-Marie Culard.

— *Jean-Marie*, c'est extraordinaire, non ? s'était-il extasié lors de notre première rencontre sur le quai de la gare. Quelle coïncidence ! *Jean-Marie*, comme votre ex-mari et votre frère banquier.

Je ne trouvai pas tellement extraordinaire le fait de s'appeler « Jean-Marie ». En revanche, ce qui me parut très bizarre, c'est que M. Culard, avec lequel je n'avais correspondu que par mail et qui m'était totalement étranger, sache que j'avais un frère banquier ; et qu'il connaisse jusqu'au prénom de l'homme que j'avais épousé et dont j'étais divorcée.

J'apprendrais bientôt qu'il avait *google-isé* tous les intervenants et consigné sur des fiches l'essentiel du cursus de chacun d'entre nous. Sans doute avait-il eu besoin de renseignements pour l'organisation de nos rencontres dans cette ville dont la municipalité se souciait de l'écologie comme d'une guigne ?

C'était lui, et lui seul, qui s'était chargé de la logistique du congrès et de l'accueil des participants de toutes les nations ; lui qui s'était occupé de nous trouver des logements, des salles gratuites pour les projections, des locaux pour les déjeuners, les dîners ; et des cuisinières bénévoles pour nous préparer nos repas… Loger, nourrir, occuper une cinquantaine de personnes gratis durant une semaine ? Une entreprise titanesque qui faisait de ce garçon un organisateur hors pair, et un maître de cérémonie d'une efficacité incontournable. Je dis « garçon », mais il était en réalité d'âge plutôt mûr. Et « incontournable », car il avait le don d'ubiquité : il se trouvait dans tous les lieux, à toutes les tables, dans toutes les discussions à la fois. Et il parlait, parlait, parlait sans arrêt des sujets qui nous réunissaient. Ce faisant, il occultait les témoignages de ceux qui avaient été sur le terrain. Et il occupait tout l'espace.

Incroyablement, je ne garde de ce voyage à Rome qu'une image, et surtout un son.

L'image ? Celle d'un personnage de petite taille, les bras noueux dans ses chemisettes à manches courtes, les jambes nerveuses dans ses shorts à carreaux, avec un torse étroit et maigre dont émanait une voix de stentor. Une voix comme je n'en ai jamais entendu. Une voix de basse, profonde, caverneuse et vibrante à la fois, qui portait à des mètres à la ronde, s'élevait vers les plafonds, écrasait sous sa puissance toutes les autres voix. Une voix à réveiller les morts.

Impossible d'imaginer que cette voix, qui résonne toujours à mes oreilles, puisse appartenir à un homme au physique aussi frêle. On n'entendait qu'elle, ou plutôt on n'entendait que Jean-Marie Culard, brassant et tonnant les mots « climat », « activités humaines », « mission politique », « responsabilité collective », tous les concepts qui m'habitaient, m'obsédaient depuis tant d'années et qui, dans sa bouche, avec ces inflexions, me tapaient soudain sur les nerfs.

Je ne compris pas tout de suite ce qui m'arrivait. D'où me venait cet agacement qui n'avait pas lieu d'être ? Jean-Marie ne disait rien d'autre que ce que je pensais, sentais, savais, ce pour quoi nous combattions tous, et voilà que son discours m'exaspérait.

À ma décharge, il faut bien reconnaître qu'il m'avait prise comme victime de choix pour sa tonitruante logorrhée. En clair : avec son timbre de baryton qui m'explosait les tympans, il m'assommait de ses monologues au petit déjeuner, au déjeuner, au dîner, à table et partout. Impossible d'assister à un débat sans le trouver assis à mes côtés, commentant à mon oreille – c'est-à-dire tout haut –, les propos des intervenants. Impossible de faire un pas dans Rome, de visiter un musée durant nos heures de loisir, une église, une chapelle, même à l'aube, même au crépuscule, sans le trouver sur ma route. Et il jouait la surprise à chaque rencontre : « Vous ici ? Ah, Laurence, quelle *extraordinaire* coïncidence ! Nous avons exactement le même rythme. Nous sommes vraiment faits pour nous entendre. »

« Même rythme » : variante de « mêmes goûts » ? Synonyme de « mêmes besoins » et, bien sûr, de « mêmes désirs » ? Jean-Marie C., Laurence B. : deux âmes sœurs unies dans un même idéal.

Par chance, il n'avait pas trouvé sur Google ou LinkedIn mon surnom familial. Mais l'eût-il connu, je suis certaine que, devant la machine à café ou les fresques de la Renaissance, je n'aurais pas coupé à un sonore : « Oh, Écololo, ça alors, quel hasard... Ou plutôt quelle *extraordinaire* nécessité ! »

Il tonnait ses *extraordinaires* avec des roulements de grosse caisse qui vibraient jusqu'aux coupoles.

Je me gardais de commenter. Mais mon silence ne faisait qu'encourager ses discours au pied des autels : « Notre mission au XXIe siècle, notre mission, à vous, à moi, c'est d'interdire les avions, la chasse et le plastique. » Ces phrases, hurlées à pleins poumons, et sorties de leur contexte, semblaient sous les bronzes et les marbres de Saint-Pierre totalement incongrues... Qu'il se taise, mais qu'il se taise ! Ras le bol, des élucubrations de M. Culard sur les matières alternatives, les matières compostables, les vols low cost, les gros SUV, j'en passe.

Mon reniement me bourrelait de remords, car, en écoutant les communications de mes camarades, je croyais plus que jamais à la nécessité de sauver la planète.

— Dis donc, c'est le coup de foudre, il t'a dans la peau, notre J.-M. national ! plaisantaient mes copines.

— Tu parles, il me gâche le colloque, il me gâche Rome, il me pollue tout !

— Il a beaucoup fait pour les Verts. Sans lui, rien n'aurait été possible, ici. On lui doit tout, en Italie. C'est un type remarquable.

— Un mec collant.

— Tu veux dire qu'il te harcèle ?

— Tout de suite les grands mots ! Non, il ne me harcèle pas, mais il me pèse, il me rase... Il m'emmerde, quoi !

— Pauvre J.-M.... J'aimerais bien, moi, qu'un homme me fasse une cour aussi élégante, aussi respectueuse !

Pauvre, pauvre Jean-Marie Culard, en effet... Je faillis l'étrangler lors de la projection d'un film néo-zélandais sur la nécessité du recyclage : un documentaire qui me passionnait et dont je devais rendre compte dans mon rapport sur le congrès. Le réalisateur y constatait l'absence de politique environnementale sur le traitement des déchets en France, en Islande, en Indonésie, au Liban, et les conséquences désastreuses des décharges géantes sur la santé des populations. Il illustrait de façon magistrale tous mes articles dénonçant la destruction de certaines zones du globe qui ne pourraient jamais retrouver leur état naturel.

— Ce film est nul, commentait mon voisin à haute et intelligible voix. Le réalisateur n'a rien compris à la problématique de la pollution. À ses impacts réels ! Toi, au moins, tu soulèves les vrais problèmes : ta communication d'hier était *extraordinaire*.

Je n'en pouvais plus, de cette omniprésence, et de cette voix.

Je n'en pouvais plus, de cette pseudo-intimité.

... Et il me tutoyait, maintenant !

Bousculant mes collègues, je me levai pour aller m'asseoir à côté du Néo-Zélandais. Ce fut mon seul vrai geste de révolte en cinq jours.

Lors de ce symposium italien, toutes les discussions m'intéressaient, tous les témoignages me touchaient. Mais avec Culard aux basques, je ne parvenais à rencontrer personne. Impossible d'échanger une idée. Impossible de partager quoi que ce fût avec quiconque.

Je commençais à attendre l'heure de mon retour avec impatience.

D'une façon générale, j'aime qu'on me fiche la paix. Et j'ai horreur des histoires, des salades, des explications, des confrontations. Horreur des tensions. Je n'ai jamais su gérer un conflit. Sauf pour défendre ma planète. Ah, ça, pour sauver la Terre, je peux devenir « teigneuse », comme le disaient aimablement mes frères. Mais ma pugnacité s'arrête là.

Le dernier soir, alors que, malgré moi et au mépris de mes protestations, Jean-Marie me raccompagnait à pied à la gare Termini, seul à seule dans la nuit romaine jusqu'au train, j'affectai de ne m'occuper que de ma valise à roulettes qui bringuebalait sur les pavés, et de ne rien entendre, rien comprendre à ses sous-entendus sur la communion des âmes antipollution et la complicité qui unissait les militants de tous horizons. Non, ne rien capter de son émerveillement devant notre *extraordinaire* rencontre et cette *extraordinaire* découverte :

— Au bout du compte, ma petite Laurence, veux-tu que je te dise ? Ma planète à moi... c'est toi !

Oh non, non : tout mais pas ça !

Ne pas relever. Il avait lancé cette phrase vers le ciel, sans cesser de marcher, et sans me regarder. Jouer les sourdes. Je ne voulais pas que cet homme, rencontré moins d'une semaine plus tôt et qui ne m'était rien, s'immisce dans ma vie. Qu'il me force à me justifier, à justifier ma froideur à son égard en lui racontant mes amours passées, mes liaisons présentes, qu'il m'entraîne dans des confidences...

Je ne nourrissais aucune hostilité, je n'avais pas le moindre grief contre lui. Il ne me plaisait pas, c'est tout. Je pensais avoir été claire sur ce point en lui répondant par monosyllabes, en l'évitant de toutes les façons possibles, en le fuyant.

Que pouvais-je faire d'autre pour le convaincre de mon indifférence ? Lui aboyer à la figure qu'il m'ennuyait ?

Surtout ne pas le laisser proférer d'autres mots qui m'obligeraient à une fin de non-recevoir explicite et violente. Pour moi, comme pour lui, pas de rebuffade émotionnelle. Pas de scène... qui, en outre, ne servirait à rien. Durant ces cinq jours, j'avais assez pratiqué Jean-Marie Culard pour savoir que, quand on l'avait mis à la porte, il revenait par la fenêtre.

Surtout, surtout ne pas lui laisser le moindre temps pour l'effusion des adieux.

Un rapide *au revoir*, une vague *bonne fin de soirée*, un inaudible *à bientôt* : je sautai dans le wagon, enfilai le couloir, refermai derrière moi la portière de mon compartiment et tirai le store de la vitre. Qui dira mon soulagement quand je m'écroulai au fond de mon siège ?

Ouf, fini.

Et maintenant, à nous deux, le train de nuit. Le silence. Et la paix.

Le voyage promettait d'être long. Le Palatino qui autrefois reliait Rome à Paris n'existait plus. Les compagnies ferroviaires des deux pays parlaient sans cesse de le rétablir, mais ne donnaient pas suite. En perspective : vingt heures de train en place assise, avec un changement à Milan bien après minuit, sans connexion immédiate... Une arrivée à Paname autour de 14 heures, suivie d'une traversée de la capitale en catastrophe pour attraper mon TGV dans une autre gare, en direction de Quimper. Et de là, le bus jusqu'à mon village. Il eût certes été plus simple de prendre l'avion. Mais sur ce point, je m'accordais avec Jean-Marie Culard. Si nous voulions réussir la transition climatique, nous devions supprimer les lignes aériennes. J'aurais aussi pu rentrer avec les autres Français et passer ce temps en bonne compagnie. En vérité, je redoutais les exhortations de mes camarades à répondre au « coup de foudre de notre J.-M. national », tous ces commentaires sur son énergie, son efficacité et sa courtoisie, que je n'avais cessé d'entendre durant notre séjour. Et j'avais avancé mon retour de vingt-quatre heures sous le prétexte que ma fille attendait un enfant, qu'elle devait accoucher et que je ne voulais pas manquer la naissance... Prétexte en effet, car je n'arriverais pas en Bretagne avant le lendemain soir.

Une retraite devant l'ennemi, en bonne et due forme.

En songeant aux derniers jours, je reconnaissais – à mesure que je m'éloignais du théâtre des opérations – que ce colloque avait été un succès.

Quelle organisation !

Un accueil vraiment *extraordinaire* !

Je gloussais en notant que j'utilisais cet adjectif : les tics de Jean-Marie m'avaient gagnée.

Tout de même, j'aurais pu être plus aimable avec lui, plus polie. Il s'était donné un mal de chien ! Que de travail, que d'efforts pour accueillir cinquante intervenants dans une ville étrangère ! Pour nous offrir à tous, durant une semaine, le gîte et le couvert ; pour choisir les films ; planifier les projections ; construire les sujets des tables rondes ; publier bientôt les actes du colloque… Et que dire de l'extrême intérêt des communications ? Ce congrès international nous avait permis d'unir les forces de dix-huit ONG par-delà les frontières, d'avancer ensemble. Et moi, moi, je n'avais même pas daigné prononcer un mot de reconnaissance à celui qui avait rendu tout cela possible.

Ma précipitation à monter dans le train frisait la grossièreté. Devrais-je y remédier maintenant en lui passant un petit coup de fil ? Juste pour lui dire combien j'avais apprécié son boulot ?

Non, l'appeler serait une folie ! Je ne m'en dépêtrerais jamais. En le plantant sur le quai, je lui avais envoyé un signal clair, je n'allais pas lui envoyer un signal contradictoire en lui téléphonant.

Tout de même… Dans les cahots du train, je me répétais cette expression en boucle, tout de même, j'aurais pu, j'aurais dû, me montrer mieux élevée.

Un gigantesque sentiment de culpabilité commençait à m'envahir.

… *Dire merci*, au moins !

Lui téléphoner ? Certainement pas… Mais lui envoyer un SMS ? Pourquoi pas ? Cela ne mangeait pas de pain, un SMS : je pourrais y exprimer succinctement ma gratitude.

J'attrapai mon portable et commençai à écrire. J'hésitai. L'inspiration n'arrivait pas. Et quand un message me venait à l'esprit et que je tapotais l'attaque sur mon clavier, l'alphabet français sautait en italien ou transformait automatiquement mes lettres : *Cher Jean-Marie* devenait *Cher j'en ai marre*. Et *Mille mercis* se transformait en *Mille merdes*.

Exaspérant.

Ces changements de mots, qui m'obligeaient à tout effacer et à recommencer, finissaient par me décourager. Je n'avais déjà pas d'idée sur le contenu de ma « lettre de château »...

Pourquoi ne pas utiliser les locutions préenregistrées dans l'application de mon portable, l'une ou l'autre de ces phrases qui répondaient à toutes les situations ?

Je fis défiler les différentes possibilités :

Je te rappelle plus tard.

Pas adapté.

Tu es où ?

Pas adapté non plus.

Merci pour ce moment.

Impossible, depuis qu'une première Dame s'était servie de l'expression comme titre de son règlement de comptes avec le président de la République.

Mille bravos et autant de mercis.

Pas mal...

Bien, même.

C'était neutre. Sobre. Factuel. Exactement le ton que je cherchais à adopter. Parfait.

J'appuyai avec fermeté sur le bouton.

Mission accomplie. Je m'étais montrée correcte en envoyant un petit mot de remerciements, et j'en avais fini avec ce personnage embarrassant. Je pouvais me laisser aller dans les bras de Morphée jusqu'à Milan.

Je posai ma tête contre la fenêtre et commençai à m'assoupir.

Je fus réveillée par mon portable qui sonnait. Le train était en gare. Plus personne autour de moi. Milan ! Je n'eus que le temps de sauter sur le quai avant que le wagon ne s'ébranle en marche arrière, direction les entrepôts et la voie de garage.

À cette heure, pas un café d'ouvert. Je me plantai sous le panneau d'affichage. J'étais passablement dans les choux, et les lignes rouges, bleues, vertes des horaires pour Venise, Vienne, Lugano, Florence, Paris, les numéros des quais et les chiffres avec les minutes de retard se mélangeaient devant mes yeux fatigués. J'allais finir par manquer ma correspondance !

Ce ne fut qu'après m'être affalée à la bonne place dans le bon train que je notai que, au fond de mon sac, mon portable sonnait toujours. Plus probablement, il sonnait de nouveau... À 3 heures du matin ? Qui m'appelait ? Mon Dieu, ma fille ! Mon gendre ! Ça y est, le bébé était né ! Je fouillai frénétiquement dans mes affaires. La sonnerie s'était tue. Il me fallut quelques instants pour trouver l'engin. Je consultai goulûment l'écran. Huit appels en absence. Six enregistrements vocaux sur la messagerie. Toujours le même contact : Jean-Marie Culard.

Au secours !

Je refermai le téléphone.

Pas le courage d'entendre la voix de Jean-Marie Culard dans ce désert, en pleine nuit. Pas tout de suite. Pas maintenant.

Je n'osai toutefois éteindre mon portable, au cas où ma fille aurait cherché à me joindre. Mais je tressaillais toutes les secondes sous l'incessant bombardement des « Ding... Ding... Ding » qui signalaient les messages en attente. Les constants hululements de chouette qui m'avertissaient de nouveaux enregistrements. Et le son du cor au fond des bois – Roland à Roncevaux – qui m'annonçait l'arrivée de nouveaux mails. Je finis par mettre la sonnerie sur vibreur. Peine perdue. Durant tout le tronçon vers Lyon, je ne cessai d'entendre mon sac vrombir. Un frémissement, un tressautement continuel. Impossible de fermer l'œil.

Vraiment, il m'aurait fait chier jusqu'au bout, ce type !

Exaspérée, je me décidai à attraper mon téléphone. Outre les enregistrements vocaux, l'écran me signalait plusieurs « discussions » sur WhatsApp :

23 h 30 : INFINIMENT ému !

Il ne lui en fallait vraiment pas beaucoup.

Minuit : Suis submergé par la joie.

0 h 05 : Tendres pensées d'un homme béni des dieux !

1 heure : mon cœur explose.

Mais enfin, qu'est-ce qui avait pu le mettre dans un état pareil ?

1 h 42 : Ma petite planète à moi dort-elle ?

Complètement débile, ce mec !

1 h 50 : Désormais, je sais où mon étoile me conduit.

Un malade. Un fou. Je me félicitai d'avoir levé le camp.

Je ne pouvais toutefois cesser de songer à la bizarrerie de ses élucubrations. Elles me mettaient mal à l'aise. Mes souvenirs du congrès tournaient en boucle. J'avais beau chercher, je ne voyais pas ce qui avait pu déclencher un délire pareil. Qu'avais-je fait, qu'avais-je dit ?

Seule certitude, l'horrible crampon avait réussi son coup : il m'accaparait l'esprit.

Au moment d'arriver à la gare de Bercy, je fus prise d'un doute, saisie d'une angoisse soudaine. J'ouvris ma boîte de SMS. J'y trouvai tous ses messages de WhatsApp, envoyés en double ; et d'autres du même acabit, plus enflammés encore.

Avec une certaine frénésie, je remontai jusqu'à mon message initial.

Et dans le jour blême de Paris, je lus :

Moi aussi, je t'aime ! Moi aussi, je t'aime ! Moi aussi, je t'aime !

Horreur !

Je m'étais trompée de ligne sur l'appli. J'avais sélectionné la mauvaise phrase. En montant et redescendant cent fois le curseur dans les cahots du train, je ne m'étais pas aperçue que la flèche était restée coincée sur le pire des trucs préenregistrés.

Moi aussi, je t'aime ! Comment avais-je pu envoyer une chose pareille ? Et trois fois, en plus, pour avoir pressé trop fort le bouton. Quelle honte !

Il me fallut un bon quart d'heure pour mesurer le désastre dans toute son ampleur.

Et maintenant ?

Maintenant, comment allais-je expliquer à cet homme que je savais vulnérable – mes copines m'avaient raconté qu'il venait de se faire larguer par sa compagne – que je ne le jugeais même pas digne d'un remerciement personnel ? Et qu'en plus, en plus, le robot s'était gouré de ligne !

La culpabilité, le remords, la confusion me submergeaient. Quelle honte ! Quelle honte !

Comment réparer ?

Mon portable continuait de vibrer. Que répondre ? J'avais besoin de réfléchir. Je l'éteignis. Et, durant les trois heures qui me séparaient de Quimper, je tournai le problème dans tous les sens.

Que dire ? Que faire ?

Rien, peut-être. Ma mère répétait toujours : « Quand on ne sait pas, on ne bouge pas. » Oui, peut-être ne *rien faire*. Laisser cette situation absurde se résoudre d'elle-même. Jean-Marie finirait bien par comprendre qu'il s'agissait d'un malentendu. Nous ne nous étions connus que cinq jours... Un homme aussi intelligent, avec un gros poste à Rome dans une organisation mondiale, ne pouvait croire, même une seconde, qu'il s'agissait d'une histoire d'importance. En outre, seule une hystérique aurait osé lui envoyer un tel message. Il allait immanquablement prendre conscience du ridicule de ma déclaration.

Et puis, dans la pratique, c'était une liaison impossible. Près de 2 000 kilomètres et vingt heures de voyage nous séparaient. De cela aussi, il allait se rendre compte.

Silence, donc. Ne pas décrocher. Faire la morte. Attendre. De toute façon, Internet et le téléphone passaient mal dans mon patelin. Le temps, l'espace se chargeraient de régler cet incident et d'effacer ma gaffe.

Très rassérénée à l'idée de recouvrer ma paix, de reprendre le fil de mon existence, de retrouver ma fille, de voir naître mon premier petit-enfant, je humai avec délice le vent de ma Bretagne, cet air revigorant, chargé d'eau, de sel et du parfum sucré des ajoncs.

Je sautai du train, pleine d'allégresse. Mais alors que j'avançais sur le quai, j'entendis une voix qui couvrait le chahut des essieux :

— Je suis là, sur le parking, de l'autre côté de la gare !... Je suis là !

Et je vis, qui flottait loin au-dessus de la tête des rares voyageurs, la grande bannière bleu horizon du congrès, que quelqu'un brandissait à bout de bras, en hurlant :

— J'ai pris deux avions !

Dans la soie bleue du drapeau, plusieurs mots au gros feutre noir s'ajoutaient au logo :

***My Planet*, c'est toi, c'est moi, c'est nous deux : moi aussi, Laurence, je t'aime !**

... Et maintenant ?

★
★ ★

Maintenant, je m'appelle Mme Culard.

Et j'habite une grande ville à 2 000 kilomètres de ma Bretagne paumée. Les Verts s'étonnent. Et mes copines du congrès se marrent en constatant que leur Écololo a une telle horreur de l'affrontement, une telle phobie des conflits, des intrigues et des scènes qu'elle finit toujours, toujours, toujours par céder devant les assauts. Et que leur Jean-Marie national ne prend jamais, jamais, jamais un *non* pour une réponse.

Il est vrai que si mon mari veut quelque chose, il l'obtient. Rien ne lui résiste.

Dans notre bonne ville de Rome, par exemple, les sacs d'ordures qu'abandonnent les touristes et que déchiquètent les goélands ont totalement disparu. À Ostia, la Méditerranée, comme toutes les mers du globe, est aussi propre, aussi claire qu'à l'aube de la Création. Le Tibre, les fleuves du monde entier, les rivières, les ruisseaux lèchent les bancs de sable chaud, caressent les rivages d'herbes tendres. Quant aux animaux – même les espèces qu'on disait naguère en voie de disparition –, ils croissent et se multiplient, en totale harmonie avec les trottinettes et les bicyclettes de leurs amis les humains.

Et, merveille des merveilles : plus un seul avion dans le ciel, plus un téléphone mobile sur la Terre ! De par la seule ténacité de mon époux, le monde est enfin redevenu le paradis qu'il n'aurait jamais dû cesser d'être.

... Mais quels sont ces hululements de chouette qui troublent la paix de ma chère planète ? Cet appel sinistre de Roland à Roncevaux qui vibre dans mes tympans ? Et ces « Ding... Ding... Ding » qui me grattent les nerfs, me tirent de mon sommeil et me réveillent en fanfare ?

Ciel, mon portable : en m'endormant hier soir, j'avais oublié de l'éteindre ! Zut ! Flûte ! Merde ! Comment ai-je pu m'assoupir sans lui couper le sifflet ?

Tu parles d'un rêve, un affreux cauchemar, oui : le monde en patinette, et Culard dans mon lit !

Dire que cela fait dix ans que ce garçon m'appelle chaque matin d'Italie pour me parler de ses poubelles et me demander si, *moi aussi, je l'aime...* « autant qu'avant ? ».

Cyril LIGNAC

Ne jetez rien, cuisinez tout !

Cyril Lignac est chef cuisinier et chef pâtissier. Propriétaire de plusieurs établissements, il est aussi l'auteur de nombreux livres de cuisine et anime plusieurs programmes télévisuels. Faisant partie des personnalités préférées des Français, Cyril Lignac sait mieux que personne décrire le bonheur de croquer dans une chocolatine ou nous faire sentir l'odeur du poulet rôti par écran de télé interposé.

Je suis très heureux de participer de nouveau à cet ouvrage !

C'est une cause qui m'est chère et j'espère sincèrement qu'à travers ce témoignage, les gens dans le besoin auront une assiette moins vide ce soir. Qui plus est, le thème choisi ne peut que résonner dans le cœur d'un cuisinier !

Prendre soin de ce(ux) qui nous entoure(nt), il s'agit bien là du principal enjeu pour tous. Prendre soin de nos proches bien sûr, mais aussi prendre soin de notre environnement. À travers quelques petites actions mises en œuvre chaque jour, on peut tous ensemble contribuer à protéger notre planète. Cela passe notamment par la cuisine.

Choisir des ingrédients de qualité, des produits frais de saison, privilégier les producteurs inscrits dans une démarche raisonnée et dans la mesure du possible au plus proche de chez nous… En somme, donner du sens à ce que nous mangeons. C'est un engagement ! Et c'est positif pour tous : du consommateur aux producteurs, et jusqu'à notre Terre.

Je vous propose de faire le premier pas ensemble et de vous accompagner dans cette démarche citoyenne pour vous montrer que ce n'est pas si compliqué.

Première étape, donc, ne jetez rien, cuisinez tout ! Vous allez voir, c'est très facile et, en plus d'être écologique, c'est économique.

Restes de poulet, chutes de pâte à tarte, fanes de carottes, blancs d'œuf esseulés, parures de poisson... le produit vous raconte une histoire tout entière et se décline selon votre envie de mille et une façons.

Preuve en est, je vous propose de découvrir une recette de coquillettes avec les restes d'un poulet rôti, cuites comme un risotto dans un bouillon d'épluchures de légumes...

Risotto de coquillettes au bouillon de légumes

Temps de préparation : 20 minutes
Temps de cuisson : 40 minutes
Ingrédients pour 4 personnes :
200 g d'épluchures de légumes (carottes, poireaux, céleri, navets...)
Eau (1 fois et demie le volume des épluchures)
1 cuil. à café de gros sel
1 feuille de laurier et 1 branche de thym frais
200 g de coquillettes
1 petit oignon
Des restes de fromage type comté, emmental, parmesan...
Les restes et carcasse d'un poulet rôti
Les restes d'herbes
Huile d'olive
Sel fin et poivre du moulin

Épluchez l'oignon, coupez-le en deux, ciselez-le et gardez les parures. Hachez finement les herbes.

Dans une marmite, déposez la carcasse de poulet puis versez l'eau dessus. Ajoutez le gros sel et portez à ébullition. À l'aide d'une cuillère, retirez les déchets à la surface du bouillon puis plongez les épluchures, le laurier, le thym et les parures de l'oignon. Laissez cuire 20 minutes et passez le bouillon à la passette. Réservez.

Pendant la cuisson du bouillon, coupez en petits morceaux les restes de poulet rôti.

Dans une sauteuse, versez un trait d'huile d'olive, ajoutez l'oignon ciselé puis les coquillettes. Mélangez puis versez le bouillon de légumes et laissez cuire 12 minutes.

Au terme de la cuisson, ajoutez les morceaux de poulet, le fromage que vous aurez râpé et les herbes hachées. Assaisonnez de sel et de poivre du moulin. Servez chaud.

Agnès Martin-Lugand

Le Choix du monde

Agnès Martin-Lugand est l'auteur de dix romans, tous salués par le public et la critique. Avec des millions d'exemplaires vendus, elle a conquis le cœur des lecteurs en France comme à l'étranger, et est devenue en quelques années une des romancières préférées du public. Son premier roman, *Les gens heureux lisent et boivent du café*, a connu un immense succès dès sa parution. Son dernier ouvrage, *La Déraison*, a paru en 2022 aux Éditions Michel Lafon.

Depuis plus de deux semaines, je tournais en rond, je me préparais à lui écrire, puis renonçais. Je le laissais libre. Des mois qu'il l'était. Je respectais son temps. Pour occuper l'absence, je vérifiais un nombre incalculable de fois l'arrivée de nouveaux messages, sur mon téléphone, sur ma boîte mail, sur les réseaux sociaux. Rien. Pas un mot. Pas une photo. Pas de connexion. Pas le moindre signe de vie. Éric m'apaisait comme il le pouvait, me répétant que Dimitri était parti depuis un an, et qu'il n'avait jamais donné de nouvelles régulièrement, il ne fallait pas que je m'inquiète outre mesure. Il me rappelait combien mon fils était prudent, intelligent, réfléchi, et qu'il ne prenait aucun risque inutile. « La preuve, me disait-il, il ne lui est rien arrivé depuis son départ et tu lui as fait confiance, toi avant tout le monde ! » Qui Éric cherchait-il à convaincre ? Je l'épiais discrètement depuis quelques jours lorsqu'il jetait toutes les deux minutes un coup d'œil à son portable. Mon cœur se serrait d'inquiétude et de joie mêlées... Dimitri n'était pas son fils, mais il l'aimait comme tel. De la même manière que j'aimais Louise, la fille d'Éric, comme la mienne. D'ailleurs, je prenais sur moi pour ne pas demander trop souvent à ma presque fille si Dimitri s'était manifesté auprès d'elle. Avec Louise, je me contenais, car elle-même était rongée d'inquiétude pour son presque frère dès lors qu'il ne donnait pas de nouvelles. Il faut croire qu'on ne s'habitue pas à l'absence. On avait beau savoir qu'il était parti pour une durée indéterminée, on s'était préparés, juré de ne pas mettre notre vie entre parenthèses alors que Dimitri vivait la sienne. On ne réussissait pas si bien que ça. J'exagère... On s'en sortait parfaitement lorsqu'il nous appelait, lorsqu'il nous écrivait... Depuis un an, je parlais à mon ex-mari, plus qu'avant notre séparation. Nous échangions nos impressions sur les nouvelles que nous donnait notre fils. Son attitude nous émouvait, car il avait cette délicatesse de nous en donner à l'un et à l'autre, il n'oubliait ni son père ni sa mère. Nous recevions autant l'un que l'autre. Nous attendions autant l'un que l'autre...

Deux très longues semaines venaient de s'écouler dans le silence. Le silence de mon fils. Mon fils de vingt ans. Mon grand fils qui avait décidé de véritablement devenir adulte. Sa démarche m'avait moi-même fait grandir, mûrir. Vieillir. Grâce à lui, j'avais perdu ma dernière part de l'éternelle adolescente que je pouvais être à plus de quarante ans. Quoique, en étais-je sûre ? À la réflexion, sa décision m'avait redonné accès à une certaine liberté. Liberté de choix. De remise en question. Liberté de m'imposer. Dimitri, avec sa jeunesse, avait fait voler en éclats nos idées préconçues, nos idées arrêtées. Il nous avait montré qu'il pouvait y avoir un autre chemin que la « normalité ».

Pendant la terminale et la période du fichu Parcoursup, je n'avais pas eu voix au chapitre concernant son orientation. Son père avait pris les choses en main. Et pour la première fois, lui et Éric avaient été alliés dans cette affaire. Ils avaient tous deux fait de belles études, croyaient en leur absolue nécessité. Contrairement à moi qui n'avais aucun diplôme, je n'avais jamais brillé à l'école, c'était même plutôt l'inverse. J'attendais du concret. Aussi, dès mon bac en poche – à ma grande surprise ainsi que celle de mes parents –, j'avais travaillé, enchaîné les petits boulots, puis gravi les échelons à force de travail, d'implication et de bonne humeur. Fatalement, mon parcours était un contre-exemple aux yeux du père de mon fils et de mon homme. Ils estimaient, à juste titre, que Dimitri pouvait faire des étincelles et ils le poussaient dans ce sens. Il était intelligent, avait des facilités et une capacité de travail impressionnante. En résumé, il avait tout pour réussir. Mon fils, ne voulant heurter aucun des deux, s'était laissé prendre en main, guider par ces deux hommes qu'il aimait et admirait. Mon regard de mère avait perçu son manque de confiance, ses incertitudes, ses silences. Je sentais au plus profond de moi qu'il ne prenait pas la bonne direction. Je tentai à plusieurs reprises de me faire entendre auprès des adultes, auprès de mon fils. Les trois, chacun à leur manière, ne voulurent rien écouter. Je m'inclinai, percluse d'angoisse quant à l'avenir.

Durant toute sa première année d'études supérieures, impuissante, je l'avais observé s'éteindre comme une bougie. Lui qui était la joie de vivre incarnée, se réjouissant pour un rien, pour les autres, n'était plus que l'ombre de lui-même. Il exhalait l'amertume, la tristesse, le découragement. Il se renfermait chaque jour un peu plus et était devenu fuyant au fil des mois. Au moment des révisions des partiels, Louise nous avait demandé de venir travailler au calme de la maison familiale, et étonnemment, Dimitri lui avait emboîté le pas. J'y avais vu une lueur d'espoir. Sur le papier, tout devait être parfait. Éric et moi étions ravis à l'idée d'avoir nos enfants à la maison, nous allions pouvoir nous occuper d'eux. Moi en mère poule, je ne pouvais pas me refaire, Éric en coach de révisions. Rien ne se passa de cette façon. Mes espoirs étaient infondés. Il ne nous parlait pas davantage, passait une grande partie de ses journées barricadé dans sa chambre – je pressentais qu'il n'y restait pas pour travailler au calme, mais plutôt pour nous fuir, fuir nos questions. Pour preuve, dès que j'étais là, je l'entendais faire les cent pas. Quand il daignait quitter sa grotte, il errait dans la maison, le jardin, les yeux dans le vague, avec une expression de tristesse épouvantable, semblant porter le poids du monde sur ses épaules.

Le voir dans cet état m'était insupportable, je me racontais des histoires toutes plus folles les unes que les autres, toutes plus terribles. Je profitai d'une fin de journée où j'étais en tête à tête avec mon fils pour l'inciter à s'ouvrir. Je lui proposai de venir m'aider à préparer le dîner. Il accepta sans rechigner, mit la main à la pâte, sans prononcer un mot, mais en me lançant de furtifs regards suppliants. Je le sentais enfin prêt à parler, à me dire ce qu'il avait sur le cœur depuis, j'en étais certaine, plus d'un an.

— Mon Dimi, que se passe-t-il ?

— Rien, maman, se défendit-il mollement.
— Nous sommes tous les deux, ton père ne peut pas t'entendre, et ni Éric ni Louise ne peuvent se mêler de notre conversation. Profites-en, ce n'est pas tous les jours qu'on peut avoir la paix, toi et moi, finis-je avec un sourire.

Il me le rendit brièvement. Puis il poussa un soupir à réveiller les morts avant de s'écrouler sur un tabouret de bar.

— Je veux arrêter, maman, je n'en peux plus.
— Arrêter quoi ? lui demandai-je, même si j'avais une très nette idée de la réponse.
— Mes études…
— C'est bien ce que je pensais…
— Je suis perdu, maman, je me sens à côté de la plaque.

Je venais d'ouvrir les vannes, il se mit à parler, sans s'arrêter, comme s'il cherchait à se libérer d'un fardeau trop lourd à porter. Il m'expliqua s'être senti acculé à devoir à tout prix décider de son avenir, alors qu'il n'avait aucune idée de ce qu'il voulait faire. Il avait eu le sentiment d'être différent des autres, de ses copains, de Louise, qui savaient presque tous ce qu'ils souhaitaient faire de leur vie. Alors il avait coché des cases, sans réfléchir à autre chose que les matières où il était doué, mais sans attrait particulier, se contentant d'écouter les conseils de son père et d'Éric. Il avait choisi parce qu'il n'avait pas le choix. Je découvrais douloureusement à quel point mon fils avait souffert durant toute cette première année de vie étudiante. Il n'arrivait pas à entrer dans le moule, il allait en cours parce qu'il fallait y aller, parce qu'il ne voulait pas nous causer du tracas. Il me jura encore et encore avoir essayé de s'y intéresser, il avait été assidu, n'avait rien raté, n'avait jamais séché. Il s'était forcé à se lever tous les matins, se persuadant qu'il y arriverait. Mais rien n'y faisait. Il avait fini par s'exclure des autres, il ne se reconnaissait pas en eux, il ne partageait aucun de leurs centres d'intérêt.

— Maman, je te jure, ils me font peur, ils ont de l'ambition, ils ne parlent que de réussite. Ils sont étriqués...

— Tu trouves que Louise aussi est étriquée ? remarquai-je gentiment.

— Non, bien sûr que non, je te jure, parfois je l'envie de savoir ce qu'elle veut et, en même temps, je me dis qu'un jour elle regrettera...

— Ou pas... Louise a toujours voulu être vétérinaire, elle se donne les moyens d'y arriver, c'est tout. Et elle ne mérite surtout pas que tu la juges.

— Je sais, maman... elle n'y est pour rien, si je suis paumé.

— Mais as-tu la moindre idée de ce dont tu aurais envie ? Sais-tu ce que tu veux faire l'année prochaine ?

Il afficha un sourire triste.

— Découvrir le monde, me lança-t-il comme une boutade.

Notre conversation s'arrêta là. Éric et Louise rentraient de leur footing. Dimi me supplia silencieusement de me taire. Je lui obéis. En revanche, les jours suivants, je ne cessai de repenser à sa réponse sous forme de plaisanterie. En était-elle véritablement une ? Ou avait-il laissé s'exprimer le fond de sa pensée sans même s'en rendre compte ? Et si le salut de mon fils devait en passer par là ? Si c'était son souhait ? Son désir ? Le moyen de trouver qui il était ? Après tout, mon rôle, notre rôle, avec son père, était de lui permettre d'accéder à l'épanouissement. Toutes les possibilités devaient être envisagées, réfléchies, même les plus improbables, même celles qui l'éloigneraient de nous. Pour lui, je me sentais prête à affronter cette séparation. Du moment que cela le rendait heureux.

Quelques jours plus tard, alors que Dimitri passait son premier partiel, je proposai à Fabrice, son père, de prendre un café. Après la surprise passée, il accepta. Il se décomposa au fur et à mesure du récit de la conversation que j'avais eue avec notre fils et surtout mon idée.

— Sophia, tu as toujours été irresponsable, mais là, tu atteins des sommets ! s'emporta-t-il.

— Si c'est ce que ton fils souhaite, tu pourrais l'écouter, lui laisser sa chance.

— Monsieur veut arrêter ses études et faire le tour du monde, reconnais que, comme projet d'avenir, il y a mieux.

— Fabrice, regarde-moi dans les yeux, et jure-moi que tu trouves notre fils heureux, bien dans ses baskets depuis qu'il est dans cette école à la noix dans laquelle tu l'as poussé à entrer ! Jure-moi que tu ne t'inquiètes pas pour lui !

Il baissa le visage et tritura nerveusement sa tasse, ce qui équivalait à un aveu.

— Tu comptes le laisser dépérir sans lever le petit doigt ? insistai-je.

— Bien sûr que non ! Mais on va l'envoyer voir un conseiller d'orientation, il va trouver sa voie, et poursuivre ses études !

— Tu n'as rien écouté, rien compris ! Sors un peu de tes ornières. Ton fils ne veut pas marcher dans tes pas, en tout cas, pas tout de suite ! Arrête de le pressurer, laisse-le devenir adulte, choisir sa vie.

— Ne compte pas sur moi pour subventionner, encore moins cautionner une connerie pareille !

Profondément attristée, je me levai, j'attrapai mon sac à main et pris la direction de la sortie. Je me ravisai au dernier moment.

— Tu regretteras cette phrase un jour, elle ne te ressemble pas, lui dis-je en guise d'au revoir.

— Sophia, attends...

Je ne l'écoutais déjà plus.

À mon plus grand soulagement, mais sans réelle surprise, la réaction d'Éric fut à l'opposé.

— C'est toi qui connais ton fils, j'ai cru qu'il était comme Louise, déterminé et sûr de lui. Je suis navré si j'ai aggravé la situation d'une quelconque manière.

— Ne t'en veux de rien. C'est moi la principale responsable, je ne me suis pas opposée à vous. C'est une bonne leçon ! Je suis simplement déçue par l'attitude de Fabrice.

— Ça me fait mal de le dire, mais le père de Dimitri est un homme intelligent, il finira par se rendre à l'évidence.

— J'espère. Maintenant, ne me reste plus qu'à parler à Dimi.

Je décidai d'emmener mon fils au restaurant pour lui faire part de ma proposition.

— As-tu réfléchi à ce que tu souhaites faire ?

— Non, maman... rien de nouveau... J'essaie quand même de ne pas foirer mes partiels. Je ne vais pas végéter l'année prochaine, enfermé dans ma chambre.

Je lui souris doucement, ce qui l'interloqua.

— Pourquoi tu souris, maman ? Il n'y a rien de drôle !

— Dimi, tu as fait ton choix, sans même t'en rendre compte, ou alors, tu ne crois pas que ce soit possible.

— De quoi tu me parles ?

— Tu as fait le choix du monde. Tu veux le voir, le découvrir, tu veux apprendre des autres. Déjà tout petit, tu avais des envies de voyages. On n'en a fait aucun avec ton père, ce n'était pas notre truc, et avec Éric, on s'est contentés de clubs à touristes qui ne t'ont pas apporté grand-chose. Alors, si tu veux faire le tour du monde, aller aux quatre coins de la planète, vas-y, je te soutiendrai du mieux que je peux.

Ses mains tremblaient, ses yeux s'embuaient et pétillaient en même temps.

— Maman, tu es prête à me laisser partir ?

— Si c'est ce que tu veux et que tu me promets de revenir un jour...

Il me sourit franchement.

— Bien sûr ! Et puis, je ne vais pas partir tout de suite, je vais me trouver un petit boulot pour gagner de quoi démarrer loin !

— Tu n'as besoin que d'une chose, te préparer, réfléchir aux différentes options... Tu as déjà ce qu'il te faut pour commencer ton aventure...

Perplexe, il fronça les sourcils. Je lui expliquai que, depuis sa naissance, je lui mettais de l'argent de côté chaque mois, ce n'était pas énorme, mais après dix-neuf ans, la somme était non négligeable. À lui de décider comment le dépenser. Il me sauta au cou et me serra fort dans ses grands bras d'homme.

Quelques mois plus tard, nous étions à l'aéroport pour accompagner Dimitri pour son grand départ, il avait choisi l'Afrique pour entamer son tour du monde. Toute la famille avait tenu à être présente pour l'occasion. Éric et Louise étaient à mes côtés, Fabrice était avec sa nouvelle femme. Chacun avait mis ses rancœurs au fond de sa poche. Ce n'était pas tous les jours qu'on laissait un enfant s'envoler vers l'inconnu. Je voyais combien c'était compliqué pour mon ex-mari. Mais il n'avait eu d'autres choix que de reconnaître que Dimitri renaissait à lui-même depuis qu'il travaillait à son projet de découvrir le monde. Quand il fut l'heure de nous quitter, Dimitri eut un mot pour chacun. Je fus la dernière à qui il dit au revoir.

— Je t'aime, maman, tu seras fière de moi, je te le promets.

— Je le suis déjà.

Je l'étais chaque jour un peu plus depuis un an. Il nous faisait vivre les grands moments qu'il traversait, ses joies, ses aventures, ses doutes aussi. Il ne nous les cachait pas. Bien sûr, il me manquait affreusement, mais ses longs mails, comme des lettres, comblaient l'absence.

Ce matin, comme chaque matin, la première chose que je fis une fois ma tasse de café en main fut de jeter un coup d'œil à ma boîte mail. Je crois que c'était le réflexe de chaque membre de la famille. Mon cœur de maman tressauta. Il m'avait écrit. Enfin. Il nous avait écrit à tous. Fabrice, Éric et Louise étaient en copie, mais c'était à moi qu'il s'adressait.

Maman,
Pardon pour mon silence radio. Je cherchais les mots pour te dire combien je suis heureux.
Ça fait un an que tu m'as offert de parcourir le monde, et je profite de ce cadeau inestimable que tu m'as fait. Je ne sais pas encore comment, mais je sais ce que je veux faire de ma vie. J'ai rencontré des gens tous plus incroyables les uns que les autres, des gens de cultures différentes, qui m'ont tant appris, qui m'ont fait mûrir, devenir un homme, je crois. Désolé, maman, tu m'avais toujours dit que je resterais ton bébé, mais ton bébé est devenu un homme !
Bref, j'ai vu des endroits tous plus beaux les uns que les autres, des endroits paradisiaques, incroyables, j'ai découvert des couleurs que je ne connaissais pas, dans les forêts, dans les ciels, dans les nuages, dans les prairies, sur les plages, dans la mer, dans les lacs.
La planète est belle, c'est peut-être, non, c'est certainement la plus belle chose qui existe dans l'univers. Grâce à toi, maman, je sais qui je suis. Je suis un citoyen du monde, et ce monde, cette planète, je veux les défendre, je veux m'en occuper, je veux les préserver. Je veux y consacrer ma vie, je ne supporterais pas de rentrer pour me contenter de me déplacer à vélo et de faire mon compost. Attention, ne te méprends pas, je ne juge pas. Chacun fait ce qu'il peut, comme il peut en fonction de sa vie. Moi, je suis libre, je suis jeune, je n'ai pas besoin de grand-chose pour vivre, ces derniers

mois me l'ont appris. Il me faut peu. Mais il me faut un but, une aspiration. Je suis désolé, maman, je t'avais dit que je rentrerais un jour. Je ne vais pas rentrer, je passerai vous voir, vous embrasser, vous serrer dans mes bras, et je repartirai. Je vais continuer à voyager, à comprendre, à trouver ce que je peux faire pour être utile. Papa va me répondre que je suis un utopiste, mais je m'en fous. Je veux tout tenter à ma petite échelle pour sauver ce que l'on a de plus beau.

Je t'aime, maman,
Ton Dimi.

Je t'aime, mon bébé devenu un homme.
Mon cœur explose de fierté.
Sois libre, toujours.
Maman.

Mon fils,
Tu n'es pas utopiste. Tu es incroyable. Je suis fier de toi.
Papa.

Dimitri,
Tu remplis déjà ta mission.
Merci de nous faire tous grandir.
Éric.

Salut Dimitri,
C'est toi qui as tout compris.
Je peux te rejoindre ?
Louise.

Romain PUÉRTOLAS

Les Encapuchonnés

Romain Puértolas a fait une entrée fracassante en littérature car son premier roman, *L'Extraordinaire Voyage du fakir qui était resté coincé dans une armoire Ikea*, paru aux Éditions Le Dilettante, a été encensé par la presse et le public, et récompensé par le prix Révélation de la rentrée littéraire. Depuis, son succès ne se dément pas. Son dernier roman, *Les Ravissantes*, a paru en 2022 aux Éditions Albin Michel.

— Ils sont presque arrivés du jour au lendemain, monsieur l'agent, une véritable invasion. Y avait pas de gens comme ça, avant, ici. J'habite là depuis quarante ans, et c'est la première fois que je vois ça. Les premiers jours, y en avait quatre ou cinq et puis, petit à petit, il en est arrivé plus, d'un peu partout. On aurait dit qu'ils se multipliaient à vue d'œil. Ils vivent dans le refuge qui était jadis à l'abandon, vous savez, à la sortie de la ville ?

— Non, je ne vois pas trop. Vous avez une adresse ?

— Si vous avez un plan, je vous montrerai. Je sais pas s'ils ont le droit d'être là ou s'ils squattent les lieux. C'est bien comme ça qu'on dit, « squatter » ?

— C'est ça. Et donc, pourriez-vous me décrire ces individus ?

— La majorité sont des jeunes. Mais il y en a des plus vieux, ça doit être les chefs. Je ne sais pas ce qu'ils trafiquent là-dedans, enfin, si, je sais, mais je les supporte pas, avec leur capuche, leurs grotesques chaussures. Quel goût vestimentaire, comment peuvent-ils s'habiller ainsi ? Comment n'ont-ils pas honte ?

— Vous savez, les jeunes d'aujourd'hui...

— Ah oui, mais là, c'est autre chose. Non, vraiment, on n'est pas obligé d'avoir à supporter ça. La France est pas un pays laïc ? Moi, je croyais. En tout cas, ça me dérange de les voir entrer et sortir dans ce refuge, tous, là, habillés comme ça. Elle est où, la France laïque, hein ? Déjà que maintenant on célèbre Pâques, Noël, le ramadan, Hanouka, non, mais elle est où, la laïcité, dans tout ça ? Je veux pas de religion, moi. Aucune. Je veux pas les voir ! Je suis athée. Point barre. Pas que je préfère une religion à une autre, non, je les déteste toutes. Et je veux pas qu'on me les inflige, c'est tout. C'est ça, la liberté. Ça me dérange autant d'entendre les cloches d'une église sonner que l'appel à la mosquée. Bon, ici, y a pas encore l'appel à la mosquée, mais ça viendra, vous verrez.

— Pour cela, il faudrait qu'ils construisent une mosquée.

— Comme s'ils allaient s'en priver. On y viendra, je vous dis. En tout cas, pour revenir à mon problème, ça me dérange de voir ces jeunes avec leur capuche déambuler dans la rue, dans mon quartier, à deux pas de chez moi. Non mais, devoir endurer ça, quelle plaie ! Y en a qui portent de gros colliers autour du cou. C'est tellement ridicule.

— Comme les rappeurs à la mode ?

— Les rappeurs à la mode ? Je sais pas.

Le policier tape quelques mots sur son clavier et tourne l'écran de son ordinateur vers l'homme. On peut voir le chanteur Eminem habillé tout de noir, avec un pull à capuche sur lequel repose une énorme chaîne au bout de laquelle pend une grosse croix en or.

— Comme ça ? demande le lieutenant.

— Ah oui, dites donc, c'est marrant, comme ça, oui. C'est qui ?

— Eminem.

— Connais pas.

— Bon, de quoi vous plaignez-vous, exactement ? Parce que, pour l'instant, je ne vois pas trop ce qu'on peut faire, si ce n'est renforcer la surveillance dans votre quartier.

— Oh, ils sont pas dangereux. Même si j'ai appris à m'en méfier. Des gens qui dissimulent leur visage sous des capuches, c'est qu'ils ont forcément quelque chose à cacher, ou à se reprocher, vous êtes pas d'accord ?

— Peut-être.

— Je veux plus qu'ils soient là, voilà pourquoi je suis venu vous voir.

— Il faudrait qu'ils commettent des infractions d'abord. On ne peut tout de même pas envoyer tous les gens que vous n'aimez pas en prison juste parce que vous ne les aimez pas. Ou parce qu'ils portent des capuches.

— Et des chaussures grotesques !

— Et des chaussures grotesques, monsieur…

— Martin. Raymond Martin, monsieur l'inspecteur.

— On ne dit plus inspecteur depuis 1995. On dit lieutenant, maintenant.

— Ouh là, comme à l'armée. Ça me rappelle le service militaire. Je préférais inspecteur.

— Moi aussi.
— Alors, vous savez, mon lieutenant...
— Juste lieutenant.
— ... je suis sûr que c'est pas très légal, ce qu'ils font. J'ai appris qu'ils avaient essayé de refourguer leur marchandise au bar du coin de la rue. Ils disent que tout est naturel, qu'ils produisent eux-mêmes leurs plants dans le champ derrière le refuge. Comme si c'étaient des écolos, vous savez ? Comme s'ils étaient en train de sauver la planète. J'en peux plus, de tout ça, les écolos, les bio-machins. Vous avez déjà goûté du vin bio ? Ils le plantent à la pleine lune, enterrent des cornes d'animaux pour que ça pousse plus vite ou je sais pas quoi. Leur vin sent le fumier, lieutenant ! La merde, quoi. Enfin, bon, les gens pensent qu'ils sauvent la planète en allant au travail à vélo et puis, après, ils s'achètent une maison à la campagne avec un petit lopin de terre pour faire des potagers, mais comment ils y vont, hein ? En voiture, pardi ! Et hop là, pollution. Alors vous allez me dire qu'ils ont des voitures électriques...
— J'imagine.
— Eh bien, c'est pire ! Vous savez que la batterie d'une voiture électrique contient plusieurs kilos de lithium, mais aussi du cobalt et du manganèse ?
— Je l'ignorais, mais je ne vois pas où vous voulez en venir.
— Je veux en venir que le cobalt est extrait dans les mines du sud du Katanga, en Afrique, par des gamins de sept ans exploités, mal payés et qui risquent leur vie pour les bobos français bien-pensants qui roulent en voiture électrique. Voilà où je veux en venir.

— Je vois.
— Excusez-moi, lieutenant, je m'emporte. C'est juste que je pense que nous devrions nous aimer les uns les autres, fondre les armes du monde entier dans une énorme cuve pour en faire des poutres en acier que l'on utiliserait pour construire des immeubles pour les gens qui n'ont pas de toit en Inde, en Afrique, en Amérique du Sud. Remplacer le plastique par l'acier et ainsi éradiquer les microplastiques qui polluent notre sol et nos océans. Je pense que les pays du Nord devraient partager leurs richesses avec les pays du Sud afin que plus personne n'ait plus jamais faim, nulle part. Je pense que nous devrions détruire les frontières entre les pays, être unis quelle que soit notre couleur de peau, lutter tous ensemble contre la hausse des températures et la fonte glaciaire des pôles afin de préserver notre jolie planète et réserver un beau futur à nos enfants, car ce monde, c'est la seule chose que nous ayons et, comme des enfants gâtés, égoïstes, nous l'usons ici et maintenant sans penser aux autres qui viendront demain. Nous ne pensons qu'à nous. Il est temps de penser aux autres, à ceux qui ne sont pas encore nés... Et puis, éradiquer les religions, aussi. Elles sont inutiles et sont à l'origine des guerres.
— Je comprends, monsieur Martin, mais revenons-en à votre problème.
— Mais c'est ça, mon problème. La religion !
Le policier hausse les sourcils et plonge son regard dans le procès-verbal qui s'affiche sur l'écran de son ordinateur.
— J'aimerais revenir à ce que vous m'avez dit. Je cite : « J'ai appris qu'ils avaient essayé de refourguer

leur marchandise au bar du coin de la rue. Ils disent que tout est naturel, qu'ils produisent eux-mêmes leurs plants dans le champ derrière le refuge. »

— J'ai pris des photos. Je les ai pas apportées, mais la prochaine fois, je vous montre ça. Enfin, si vous n'êtes pas allé voir avant. C'est ce que vous devriez faire, aller voir par vous-même, lieutenant. Sortir de votre bureau, un peu. C'est des plants de feuilles vertes qui s'élèvent à 1 mètre du sol, ou plus. C'est des jolies plantes, hein, je dis pas que c'est pas joli. Y en a bien 500 mètres carrés, facile. À le voir, on pourrait croire que c'est de la mauvaise herbe ou que sais-je, mais il y en avait pas avant. Je peux vous l'affirmer. Je connais bien l'endroit. Quand j'étais môme, j'allais jouer là-bas. Alors voilà, ces gens s'installent alors qu'on les a même pas invités, et puis ils plantent leurs champs et ils font leur truc dans un laboratoire, enfin, je sais pas comment ça s'appelle, en toute impunité.

— C'est bien ça, on dit « laboratoire ».

— Et après, ils vont vendre tout ça et personne dit rien.

— Je vous promets que nous allons nous pencher sur ce sujet, monsieur Martin.

— J'espère, je ne sais pas si c'est trop légal, tout ça, monsieur l'agent, je voulais juste vous prévenir. Y en a pour qui c'est leur métier, mais eux, là, ils peuvent vendre ça comme ça ? Sans licence ni rien ?

Le policier éclate de rire.

— Non, c'est interdit.

— Eh bien, raison de plus pour mettre un bon coup de pied dans la fourmilière.

— Ne vous inquiétez pas, monsieur Martin, je vais tout de suite envoyer quelques hommes là-bas.
— Ce serait bien, lieutenant. Ce serait bien.
— Tenez, regardez ce plan et dites-moi exactement où tout se passe.
— Ici, lieutenant. Dans cette rue. Et le refuge est à ce carrefour.
— Je vous remercie. Nous allons faire le nécessaire.

Une fois que l'homme est sorti du bureau, le policier décroche le téléphone.

— Allô, Olivier, j'ai une personne qui vient de faire une déposition contre un réseau de trafic de cannabis. Dans le refuge à la sortie de la ville. Rue d'Alembert. Oui, c'est ça. Un champ de cannabis. Apparemment, on le voit de l'extérieur parce que l'homme a pris des photos. Oui... C'est ça, le coin est truffé de mecs en capuche et baskets, selon le témoin. De la racaille, quoi. Alors vous prenez une voiture, et vous allez jeter un coup d'œil.

L'officier raccroche et reprend son travail.

Une demi-heure après, le téléphone sonne. Il s'agit d'Olivier. Il est à l'adresse indiquée et est bien en peine de donner une explication à son supérieur.

— Tu es sûr que c'est la bonne adresse ?
— Le plaignant m'a montré très précisément l'endroit sur le plan. Il habite dans la rue. Pourquoi ?
— Non, parce que, dans ton refuge, il n'y a que des moines.
— Des moines ?
— Oui, c'est un genre d'abbaye.

L'officier éclate alors de rire, demande à ses hommes de rentrer au service et raccroche. Devant lui, il revoit le visage bourru de Raymond Martin. « Vous avez rien compris à ce que je vous ai raconté, lieutenant ! l'entend-il lui dire, mécontent. Les types que je veux plus voir en bas de chez moi, ils ont pas des baskets, c'est des sandalettes, hideuses ! Et ils portent des croix autour du cou. C'est des moines ! Et les plants, c'est pas du cannabis, c'est du houblon, pour fabriquer leur foutue bière qu'ils essaient de refourguer aux commerçants du coin. La France, c'est un état laïc ou pas ? Alors je veux plus les voir, monsieur l'agent, ces moines, je veux plus les voir ! »

Mohamed Mbougar Sarr

C'est ainsi que l'orange
continue de bleuir

Mohamed Mbougar Sarr, né en 1990 au Sénégal, vit en France et a publié quatre romans : *Terre ceinte* (Présence africaine, 2015, prix Ahmadou-Kourouma et Grand Prix du roman métis), *Silence du chœur* (Présence africaine, 2017, prix Littérature-Monde – Étonnants Voyageurs 2018), *De purs hommes* (Philippe Rey/Jimsaan, 2018) et *La Plus Secrète Mémoire des hommes* (Philippe Rey/Jimsaan, prix Goncourt 2021).

1

À l'instant précis où on lui avait proposé d'être l'ultime écrivain sur Terre, Maad s'était senti écrasé d'humiliation et d'honneur.

Le mail ne s'embarrassait pas de rhétorique et allait droit au fait. Maad avait aimé ce style direct et un peu cynique. *Cher monsieur, feriez-vous au Comité du monde et, surtout, à l'espèce, l'honneur d'être le dernier écrivain de la planète ? Au vu de vos états de service* [cela voulait dire son œuvre : sept romans, un huitième refusé partout, quatre recueils de nouvelles, deux essais, deux pièces de théâtre, un grand poème lyrique, tous sombres], *de la philosophie qui s'en dégage* [un pessimisme radical et irrémédiable], *de votre situation personnelle* [divorcé, sans enfants, hautement marginal, semi-misanthrope] *et de votre prédilection pour le genre particulier qui fait aujourd'hui votre renommée* [la nécrologie, dont il s'était fait le spécialiste dans un journal, puisque les ventes de ses livres ne lui permettaient pas de survivre], *nous croyons que vous conviendriez parfaitement pour cette tâche. Je vous laisse nous recontacter à cette adresse si l'offre vous intéresse. Nous pourrions alors évoquer dans le détail les implications de la fonction, les compensations et, naturellement, les lucratives conditions financières qui, etc.*

La proposition était en effet rémunérée au-delà des limites de la décence commune. Elle confirma à Maad son rang dans la hiérarchie des auteurs : tout en bas, dans les abysses, en compagnie des asticots, des mystères de la croûte terrestre, des fémurs de pithécanthropes. S'il l'avait reçue, cela signifiait que personne d'autre n'en avait voulu. Ou plutôt, ce qui était pire, qu'on avait jugé en haut lieu qu'il incarnait, méritait d'être la figure du dernier des écrivains terrestres. Voilà pour les raisons de l'humiliation. Celles qui nourrissaient le sentiment de fierté relevaient aussi de l'évidence : l'intitulé du poste claquait et en jetait. Il demandait un certain sens des responsabilités – il lui en restait probablement – et un peu de talent – il pensait en avoir eu. Mais par-dessus tout, le travail qu'on lui offrait requérait d'indiscutables qualités de précision et de stoïcisme, ainsi qu'un peu de goût pour le sacrifice.

Maad avait évidemment accepté l'emploi. Il s'en était senti la compétence, la gueule, le sincère désespoir. Des millénaristes, des partisans de l'Antéchrist scrutant son arrivée alors qu'il paraissait clair qu'il ne viendrait plus (ou qu'il venait de partir), des amateurs de jeux vidéo heureux que des régions entières du globe délimitent le plateau grandeur nature d'un wargame postapocalyptique, des pauvres bien sûr, des gens atteints de maladies incurables, des suicidaires qui découvraient que le suicide manquait désormais d'enjeu, des peuples qui avaient refusé de partir pour, disaient-ils, « ne pas abandonner leurs morts ici » : telle était principalement la composition des quelque centaines de milliers de hères qui se traînaient encore à la surface de la planète. Les autres étaient partis vers la Reconquête, emportant des échantillons de ce qu'on appelait « le vivant ». Mais puisque tout ne pouvait tenir dans l'Arche, on avait laissé le reste finir ici.

Dans le contingent humain encore présent, Maad le supposait, il devait bien y avoir d'autres écrivains, des collègues perdus ou oubliés ici ou là. Mais il était le dernier écrivain officiel, mandaté et payé par le Comité du monde. Maad se sentait parfois un peu sale, honteux, complice de quelque chose d'ignoble et qu'il peinait à nommer précisément. Sa seule consolation se trouvait dans le travail, qu'il voulut régulier et scrupuleux : une lettre par semaine, envoyée à l'humanité partie s'établir sur une autre planète. L'ultime écrivain sur Terre essayait de s'astreindre à une stricte exemplarité, pour l'honneur de la profession. Et pour garder un semblant de stabilité mentale. Cela faisait sept ans qu'on lui avait demandé de raconter l'agonie de la Terre, six que la Reconquête s'était élancée vers d'autres lieux habitables, deux que le Comité du monde ne répondait plus qu'épisodiquement à ses rapports. Maad ne s'en formalisait pas outre mesure ; il savait que viendrait un moment où ses employeurs seraient trop occupés à réinstaller l'humanité ailleurs pour réagir à sa prose. On lui assurait cependant que ses livraisons hebdomadaires étaient très lues et attendues par ses congénères qui, depuis leur nouvel habitat, suivaient, billet après billet, semaine après semaine, l'anéantissement de leur ancienne maison. On lisait les lettres de Maad comme un feuilleton à suspense, avec un mélange de nostalgie, d'horreur, de tension, de vague culpabilité. C'était du moins ce qu'on lui disait.

2

Les Chroniques de l'orange bleue formaient l'incontestable chef-d'œuvre de Maad. Le spectacle de la Terre mourante lui était apporté sur un plateau somptueux, comme la tête tranchée de saint Jean-Baptiste à Salomé. Le désastre se déroulait sous ses yeux ; il lui suffisait de les ouvrir en même temps que ses bières et de se laisser hanter. Rien à inventer, aucune métaphore funeste à imaginer (de toutes les manières, il détestait les métaphores). Il fallait simplement regarder. Il regardait. Parfois, il aurait préféré ne pas, mais c'était impossible. Alors il avait regardé et écrit ses lettres. Toutes se concluaient invariablement par la même formule : *C'est ainsi que l'orange continue de bleuir.*

Les soirs de vanité exacerbée, ou de tristesse insurmontable, il fixait le gros volume de sa correspondance et, les larmes aux yeux, disait : « Voici les archives de l'extinction des plus grands fils de putes connus à ce jour. » Il détournait le regard vers la fenêtre. Il n'y avait rien que le rien derrière la fenêtre ; le rien de la fin chaque jour plus proche, le rien froid et le rien des souvenirs heureux, gris désormais d'avoir été trop convoqués. Maad achevait

alors mentalement sa phrase commencée tout haut :
« Et je suis l'un d'entre eux. » Bières. Larmes. Rires.
Marche quotidienne. Sommeil. Bières. Lecture.
Écrire. Encore des larmes, s'il en restait. Injures.
Rires. Il restait toujours des bières. Écrire. Voilà à
quoi ressemblait le quotidien de l'ultime écrivain de
la planète. Il ne se demandait même plus ce qu'il
avait pu faire de sa vie pour se retrouver là : la
réponse ne variait jamais et ne lui laissait aucun
doute sur lui-même.

Un jour, le lendemain de sa 364e chronique (il y
décrivait cliniquement un étrange fruit pourri qu'il
avait vu, pendant de la branche d'un arbre, dans
la forêt, lors de sa promenade rituelle), Maad fit la
rencontre d'une jeune fille, dix ans, peut-être moins.
Elle se trouvait sur le bord de la route, couchée en
chien de fusil, comme morte. Mais Maad vit aussitôt
qu'elle dormait. Il demeura longtemps immobile, au
milieu de la chaussée déserte et du silence, pour
l'observer. Il se surprit à trouver de la curiosité à
l'anatomie et au visage des êtres humains. Celui de
l'enfant faisait face à la route. Maad avait perdu
l'habitude d'en voir. La dernière personne qu'il avait
croisée dans le coin était son ancienne voisine, une
prof de maths. Elle n'avait pas voulu suivre son
mari dans la Reconquête et vivait là avec son chat.
Maad l'appréciait ; ils partageaient le même caractère farouche et solitaire, mais elle possédait plus
d'humour que lui. Elle habitait à 12 kilomètres de
sa maison, ce qui en faisait, à sa connaissance, la
présence humaine la plus proche. Leur dernière rencontre s'était produite un peu plus d'un an auparavant, avant qu'elle ne parte vers le sud.

— À quoi bon ? Pour trouver plus de soleil ? Le nôtre ne te suffit plus ? avait-il dit en désignant l'épais linceul gris qui les surplombait.

— Ce n'est pas pour ça. Je veux seulement découvrir le Sud.

— À quoi bon le découvrir aujourd'hui ?

— À quoi bon écrire aujourd'hui ?

Il n'avait pas répondu. Ils s'étaient compris. Avant qu'il ne reparte chez lui, ils s'étaient salués. C'était la toute première fois qu'ils se touchaient – une poignée de main – depuis qu'ils s'étaient connus. Physiquement, il connaissait beaucoup plus son chat, friand de caresses, qu'elle. Elle semblait toujours vouloir garder une sorte de distance de sécurité. Cela lui allait ; il ne raffolait pas vraiment des contacts avec les gens. Depuis le départ de la femme vers le sud, Maad n'avait plus vu d'être humain vivant.

Il regardait toujours la jeune fille endormie et se demandait d'où elle venait et ce qu'elle faisait là, questions qui lui parurent aussitôt tout à fait ridicules. Tout autre jour que celui-là, il aurait passé son chemin sans état d'âme. Rien de tout cela ne l'intéressait plus et il ne s'attendrissait pas aisément. Mais il émanait de ce corps immobile une sérénité qu'il trouva scandaleuse, presque effrayante. Il marcha dans sa direction avec une prudente lenteur ; la jeune fille ne bougeait toujours pas. Maad commença à douter : il se pouvait bien que la sérénité de son visage fût celle dont la mort couvrait parfois certains corps qui lui appartenaient.

Quand il fut à 1 mètre de la jeune fille (il fut certain alors qu'elle respirait car, dans le silence, il percevait maintenant son souffle), Maad vit qu'au creux de son abdomen, dans la cuvette qui s'était formée entre son buste recourbé et ses jambes repliées, reposait, aussi tranquille et effrayant qu'elle, un objet sombre. Maad s'arrêta. Il n'eut pas le temps de reculer. La fille se réveilla (ou arrêta de feindre de dormir) et se redressa, apeurée. Maad et elle se dévisagèrent quelques secondes. Il songea, dans cet intervalle, que son visage paraissait plus scandaleux réveillé qu'endormi, sans pouvoir expliquer pourquoi. Il allait ouvrir la bouche pour lui demander comment elle s'appelait quand la fillette prit des deux mains l'objet noir qui se trouvait près d'elle et le pointa dans sa direction. Ses bras tendus tremblaient sous l'effet de la nervosité ou du poids du revolver, mais Maad dut reconnaître que la jeune fille semblait bien viser. Il sourit et son visage lui fit mal, comme si ses muscles ne se rappelaient plus ce qu'était un vrai sourire ; pas les rires déments qu'il poussait tout seul parfois, mais un vrai sourire. La fille se leva tout à fait, l'arme toujours dirigée vers lui.

3

Ma chère humanité bien-aimée, mon fruit pourri de la précédente lettre avait, je viens de le comprendre, un petit. Il ne lui restait pas assez d'amour pour l'emmener sur la branche. Ou peut-être, au contraire, ne l'a-t-il pas fait parce qu'il lui en restait trop. Les deux explications seraient plausibles. Toujours est-il que le jeune fruit est là, chez moi : une petite fille. Elle dort en ce moment même sur mon canapé, pendant que je t'écris. Je l'ai cueillie hier, au bord de la route, comme on cueillait des fleurs au bord d'une route dans le temps, du temps que les fleurs existaient. Elle soutient qu'elle ne dormait pas. Je jure que si. Je jure aussi qu'elle avait une arme. Dans l'arme se trouvait une balle. Dans la balle se dessinait ma mort ou la sienne. Je lui ai demandé qui lui avait donné le pistolet. Son père, bien sûr. Pour lui offrir une chance de survivre ou lui faciliter les choses quand elle ne le voudrait plus, il le lui a laissé. C'est son héritage. Il aurait pu s'en servir, mais il savait combien ce monde était difficile. Elle sait comment s'en servir. S'il y avait eu deux balles, je ne serais peut-être pas là à te raconter tout ça, ma tendre humanité. Cette petite écoute son père, qui a eu la délicatesse de lui dire, avant d'aller à sa branche, qu'il ne fallait pas gâcher la balle. C'est pour cette raison qu'elle n'a pas tiré quand je l'ai réveillée (mais elle jure qu'elle avait seulement fermé les yeux). Il ne faut pas gâcher la balle. Tu comprends, n'est-ce pas, douce espèce humaine ? D'ailleurs, après avoir pointé le canon de l'arme sur moi pendant quelques secondes, elle l'a collé à sa tempe. Ça aussi, apparemment, son père le lui avait appris. Elle m'a demandé si j'étais gentil ou méchant. J'ai immédiatement senti que ma réponse était capitale, que l'instant pesait lourd, un climax, et j'ai pensé à cette scène typique des vieux films d'action, quand le protagoniste doit couper le fil rouge ou le fil bleu pour arrêter le compte à rebours de la bombe. Elle a répété sa question. Gentil ou méchant ? Qui peut honnêtement prétendre pouvoir répondre à une question pareille ? Bleu ou rouge ? Tic-tac. 00 : 01. « Gentil », j'ai tenté in extremis. *Elle m'a demandé de le prouver.*

Je n'ai pas su quoi faire. Finalement, j'ai dit que j'étais méchant, mais que je ne lui voulais pas de mal et que ça, au moins, je pouvais le prouver en foutant le camp. Elle m'a dit que ce n'était pas important ; que gentil ou méchant, ce n'était plus important. Je lui ai demandé si c'était son père qui lui avait dit ça. Elle s'est alors mise à pleurer. J'aurais dû fermer ma gueule. Je n'ai jamais su parler aux mômes. Je me suis trouvé bête. Elle avait baissé l'arme. Je ne pouvais rien faire pour elle. Au lieu d'aller la réconforter, j'ai tourné les talons et je me suis éloigné. Après quelques minutes de marche, je me suis rendu compte qu'elle me suivait. Elle ne savait où aller. Je ne savais pas non plus. Je l'ai attendue. Elle est arrivée à ma hauteur et m'a donné l'arme sans rien dire. Nous avons marché jusque chez moi, toujours dans le silence. Elle s'est aussitôt couchée sur le canapé et s'est endormie. Elle affiche toujours cet air d'ange bizarre. Et moi j'écris ces mots en la regardant. À son réveil, je lui dirai qu'être gentil ou méchant importait encore, même si je n'y croyais pas vraiment. Il faudra que je fasse semblant. Je dois faire semblant, car elle peut encore y croire. Je le sais. En revanche, j'ignore encore à qui ira la balle. Il faudra bien qu'elle aille à quelqu'un. On en discutera à son réveil. Pour l'heure, elle dort.

Et c'est ainsi, mon admirable humanité, que l'orange continue de bleuir.

REMERCIEMENTS

Chers lecteurs,

Nous tenons à remercier les équipes d'Univers Poche et tous nos partenaires solidaires de la chaîne du livre et de sa promotion, ayant permis à cette belle opération de voir le jour :

Pour l'aide juridique :
Sogedif

Pour les textes :
les auteurs et le préfacier

Pour la couverture :
Riad Sattouf

Pour la photocomposition :
Apex Graphic
Nord Compo

Pour l'impression et le papier :
Stora Enso Paper France

MM Board & Paper

Maury Imprimeur
CPI Brodard & Taupin

Pour la distribution et la diffusion :
Interforum

Pour la promotion :

Communication : Nicolas Galy,
Agence NOOOK / Kosept / Gaetan Waquier /
Time-Line Factory

Radio : EUROPE 1 / RFM/Sanef /
Autoroute FM

Presse : *Le Parisien* / *Le Point* / *L'Express* / *L'Obs* /
Society / *Télérama* / *Valeurs Actuelles* / *Les Inrocks* /
Libération / *Le Républicain de l'Essonne* / *La Voix de l'Ain* /
Biba / *Causette* / *ELLE* / *Femme Actuelle Jeux* / *Le Figaro* /
Historia / *L'Histoire* / *LiRE - Le Magazine Littéraire* /
Livres Hebdo / *Version Femina* / *Marie France* /
Avantages / *Maxi* / *Nous Deux* / *Psychologie Positive* /
Psychologies / *Sciences & Vie* / *Simple Things* / *Happinez*

Affichage : Clear Channel / ECN / JC Decaux /
Médiatransport / Phenix

Digital : Babelio / BePolar / Dailymotion /
M6 Publicité / *Le Point* / *Livres Hebdo* /
My Little Paris / Webedia

Ainsi que :
Agence HAVAS
Agence SAM

Et tous les libraires de France !

L'équipe éditoriale des éditions Pocket

Vous découvrirez ici la liste de l'intégralité
de nos partenaires solidaires.

*Cet ouvrage a été composé et mis en page
par Nord Compo à Villeneuve-d'Ascq*

ARKTIKA

Imprimé en France par

MAURY IMPRIMEUR
à Malesherbes (Loiret)
en octobre 2022

POCKET - 92 avenue de France, 75013 PARIS

N° d'impression : 265574
S32330/02